J.SCHMITT 1987

COMMENTAIRES

SUR

L'ARRÊTÉ DU 4 NOVEMBRE 1851

SUR LA

COLONISATION DES DEUX PLAINES

DES

PALMISTES ET DES CAFRES

DE L'ILE DE LA RÉUNION,

PAR

TEXTOR DE RAVISI,

Officier d'Ordonnance du Gouverneur de la Réunion, Capitaine
au 3º Régiment d'infanterie de marine, Chevalier
de la Légion – d'Honneur.

(Archives de la Direction de l'Intérieur.)

OUVRAGE DESTINÉ A FAIRE SUITE AUX ÉTUDES SUR LES DEUX
PLAINES DES PALMISTES ET DES CAFRES.

ILE DE LA RÉUNION.

Typographie de Lahuppe, à Saint-Denis.

1852

COMMENTAIRES

SUR

L'ARRÊTÉ DU 4 NOVEMBRE 1851

SUR LA-

COLONISATION DES DEUX PLAINES

DES PALMISTES ET DES CAFRES

De l'Ile de la Réunion,

PAR

TEXTOR DE RAVISI,

Officier d'Ordonnance du Gouverneur de la Réunion, Capitaine
au 3ᵉ Régiment d'infanterie de marine, Chevalier de la
Légion-d'Honneur.

(Archives de la Direction de l'Intérieur.)

OUVRAGE DESTINÉ A FAIRE SUITE AUX ÉTUDES SUR LES DEUX PLAINES
DES PALMISTES ET DES CAFRES.

SAINT-DENIS.

TYPOGRAPHIE DE LAHUPPE, RUE DU CONSEIL, Nᵒ 67.

1852.

**Extrait du *Moniteur de l'île de la Réunion*
du 28 février 1852.**

M. le capitaine Textor de Ravisi se propose de publier prochainement une brochure fort intéressante sous le titre de *Commentaires sur l'arrêté du 4 novembre* 1851. Ce travail, destiné à faire suite aux *Etudes sur la colonisation des deux Plaines*, renferme des aperçus nouveaux sur l'importante question de la colonisation des terres intérieures et un grand nombre de documents puisés aux sources officielles. L'auteur y analyse jusque dans ses moindres parties l'acte législatif du 4 novembre ; il en explique le but et la portée et fait toucher du doigt les résultats féconds que l'œuvre administrative promet aux futurs colonisateurs. Personne n'était mieux placé que M. le capitaine Textor pour se faire l'interprète des idées du Gouvernement : sa parole fait autorité en pareille matière, et nul doute que son intervention ne contribue puissamment à éclaircir les points encore obscurs de cette question et à faire vider amiablement les débats qui se sont élevés entre l'Administration et les tiers depuis la promulgation de l'arrêté de novembre. Dans cette assurance nous croyons être utile à tous les intérêts engagés dans la question en devançant l'époque de l'apparition de la brochure. Nous commençons donc dès aujourd'hui la publication de ce travail, que nous espérons pouvoir faire connaître tout entier avant l'expiration du délai déterminé pour la mise à exécution de l'arrêté sur la colonisation.

Cet opuscule est divisé en trois parties principales ou titres. Le premier, *Considérations générales*, contient une introduction, une esquisse chronologique et divers extraits. Le deuxième, *Commentaires sur l'arrêté*, est spécialement consacré à l'examen de la législation. Dans le troisième enfin, *Commentaires et renseignements*, on trouve des lettres et pièces justificatives concernant les droits des tiers.

COMMENTAIRES

SUR

L'ARRÊTÉ DU 4 NOVEMBRE 1851

SUR LA

Colonisation des deux Plaines

DES PALMISTES ET DES CAFRES

De l'Ile de la Réunion.

TITRE Iᵉʳ.

Considérations générales.

I.

Exposé.

Le 4 novembre 1851, sur la proposition de M. le Directeur de l'intérieur Manès, M. le Gouverneur Doret donnait enfin une solution définitive à la question tant de fois agitée d'une nouvelle colonisation des terres intérieures à la Réunion, en promulguant son arrêté sur la colonisation des deux plaines des Cafres et des Palmistes. Approuvé généralement dans son ensemble et dans son but final, interprété diversement dans ses conséquences, amèrement critiqué même dans plusieurs de ses dispositions qui mettent en cause des prétentions privées, cet acte législatif est rendu exécutoire le 15 avril 1852, c'est-à-dire cinq mois après sa promulgation.

Cependant les demandes de concessions dans les deux plaines arrivent à la Direction de l'intérieur des différents quartiers de l'Ile ; une opposition est formulée par les héritiers de concessions à Mahavel et au bras de Ponteau pour la plaine des Cafres; une autre se prépare, dit-on, de la part des héritiers des concessions Le Tort pour la plaine des Palmistes ; les dispositions de l'arrêté occupent vivement l'esprit public et y sont jugées aux différents points de vue des intérêts particuliers ou des opinions coloniales qui s'agitent à la Réunion : — telle est la situation actuelle de la question de colonisation de nouvelles terres intérieures.

En cette occurrence, je crois devoir prendre une seconde
fois la parole dans cette grande question. Ce n'est pas pour
répondre à la polémique soulevée par les lettres critiques
insérées dans le *Moniteur de la Réunion* des 6 et 20 décembre 1851 : ma position complexe me défend toute réponse ,
et j'ai eu jusqu'ici le courage de garder le silence devant une
attaque aussi acerbe que passionnée. — La responsabilité
est la plus belle prérogative de l'Administration, et un fonctionnaire ne peut se laisser appeler à partie que s'il a été
préalablement désapprouvé. — Je désire bien moins encore
faire naître de nouvelles polémiques : elles n'ont jamais
beaucoup éclairé une question dans un petit pays, et trop
souvent elles ont le triste privilége de dégénérer promple-
ment en personnalités.

J'écris aujourd'hui pour satisfaire à un besoin qui m'a
été exprimé, pour essayer de faire connaître d'une manière
plus complète et plus exacte l'arrêté du 4 novembre 1851.
Plusieurs personnes se sont adressées à moi , en effet, pour
me demander des renseignements ; d'autres m'ont soumis
des objections, ou plutôt m'ont proposé des questions à résoudre. D'autre part , le délai fixé par les articles 13 et 14
pour la mise à exécution de l'arrêté doit expirer très prochainement. Il me paraît donc urgent que les personnes qui
veulent demander des concessions , mais que leur ignorance des dispositions bienveillantes contenues dans l'arrêté
retient encore , soient éclairées et prennent enfin une décision.

Je me propose de commenter la mesure législative du 4
novembre et de l'analyser article par article ; j'en montre-
rai l'esprit et j'essaierai de reproduire toutes les raisons à
l'appui des dispositions qu'elle consacre. Je n'aurai pas,
sans doute, la brillante éloquence et la logique sévère du
rédacteur du *Moniteur de la Réunion,* mais je ferai du moins
tous mes efforts pour dissiper les incertitudes , obvier aux
difficultés soulevées et rectifier les opinions fausses que l'on
a pu se former sur diverses parties de l'œuvre administrative. Enfin je tâcherai de puiser mes raisonnements *dans
cet esprit de sagesse que l'on est habitué à voir dans les actes
du gouvernement de M. Doret.*

Je ne me pose nullement en organe de l'Administration,
pas plus qu'en défenseur de la commission du 10 mai 1849 :
je n'ai pour cela aucune qualité , aucun mandat. Je viens
simplement analyser une œuvre de l'Administration, œuvre que j'approuve de toutes les forces d'une conviction
inébranlable, au succès de laquelle, comme un de ses agents,
j'ai eu l'honneur de concourir avec cette persévérance que

donne la conscience d'une bonne cause et l'ambition d'être
utile à mon pays.

La commission, en sanctionnant par son approbation des
travaux accomplis en son nom, a fait disparaître ses rapporteurs; le pouvoir législatif, en modifiant les travaux de
la commission qu'il a adoptés et signés, l'a fait disparaître à
son tour. Il ne reste plus aujourd'hui qu'une loi, qu'un fait.
C'est à l'Administration qu'il appartient maintenant de dé-
fendre son œuvre si elle est jamais attaquée, elle seule en
est responsable. Elle n'a pas besoin d'un défenseur officieux
d'un aussi faible talent que l'auteur des *Etudes sur les deux
Plaines*.

Je le répète donc, je ne parle que pour mon propre compte, et je le fais parce que je crois ce travail utile à la réussite plus complète de la colonisation. Les raisons que j'ap-
porterai me sont personnelles, et je ne puis que rechercher
celles que M. le Directeur de l'intérieur ou le Gouvernement ont pu avoir pour s'arrêter à une disposition plutôt
qu'à une autre, sans être jamais certain de les avoir ren-
contrées.

Pour compléter ces commentaires, je ferai quelquefois
appel à mes notes et à mes mémoires; je produirai plusieurs
pièces et titres justificatifs, des extraits des procès-verbaux du Conseil colonial ou des commissions, des lettres et
papiers particuliers, enfin toutes les données qui font désormais partie de la question ou qui sont indispensables à
sa parfaite intelligence.

Puisse ce nouveau travail témoigner en faveur du zèle
consciencieux que j'ai toujours apporté dans l'étude de cette
grave question (*), et mettre en relief le haut mérite et l'incontestable à-propos de l'arrêté que le Pays doit à la patriotique administration de M. le Gouverneur Doret.

II.

*Quelques dates relatives à la question de la colonisation des
deux plaines des Cafres et des Palmistes.*

Avant de commencer la discussion de l'arrêté du 4 novembre 1851, je vais présenter une sorte de chronologie

---

(*) Quand les Etudes sur les deux plaines des Palmistes et des Cafres ont paru, j'avais rédigé dix-neuf mémoires sur la question de
la colonisation; celui-ci est le vingt-deuxième.
20° — Notes diverses à M. le Directeur de l'intérieur.
21° — Moyens d'activer et d'assurer la colonisation.
22° Commentaires sur l'arrêté du 4 novembre 1851.

des faits, actes et documents les plus remarquables qui constituent la partie historique de la colonisation des deux plaines des Cafres et des Palmistes. Les dates et les aperçus que j'offre ici seront des jalons qui indiqueront l'intérêt plus ou moins grand que cette question a excité dans l'Ile à différentes époques. Ce travail d'ensemble la présente sous un point de vue nouveau, et il complète particulièrement le chapitre 4 du titre 1er des Etudes sur les deux Plaines, *Renseignements et travaux.*

Dates principales.

Mars 1725. — Concessions faites à Mlle. Elisabeth Gouzereaux, MM. Feydeau-Dumesnil, Louis Payet, Bourlet d'Hérouillers, Tuault de Villarmoy, etc. de terres situées au-dessous du bras de Ponteau, à la ravine la Mare, et sur la rive droite de la ravine des Cabris, à monter au sommet de la montagne.

20 Mars 1728. — Concessions faites à MM. Louis, Pierre et Etienne Cadet, Jean Cazanave et Pierre Auber, de terrains situés entre le bras de Ponteau et le bras de la Plaine, à aller au sommet de la montagne. Ces concessions et les précédentes étaient à la charge d'y planter et cultiver le vrai café Moka.

C'est au sujet de ces concessions que l'arrêté du 4 novembre 1851 réserve, pour la plaine des Cafres, les droits des tiers. La question à résoudre est de déterminer ce que l'on doit entendre, dans cette portion de l'Ile, par l'expression *sommet de la montagne ;* c'est-à-dire de poser les bornes supérieures de ces concessions, dont les unes seront arrêtées aux limites assignées à la Plaine, et les autres en deçà de ces limites, ou dans cette localité.

18 Août 1728. — Ordonnance du Conseil supérieur de Bourbon qui fixe le point où doit finir le sommet des montagnes dans les concessions faites par la Compagnie.

1749 ? — Concession donnée, dit-on, à M. Le Tort, de terrains situés dans la commune de Saint-Benoit, entre la ravine Sèche et la ravine Saint-François. Cet acte ne se retrouve ni dans les archives du Contrôle, ni dans celles des notaires de l'Ile.

1770 ? — M. Le Tort commence, dit-on, dans la commune de Saint-Benoit, l'ouverture du chemin de la Plaine, et s'avance jusqu'à la montagne qui porte actuellement son nom. Il fait commencer les vieilles rampes dites aussi *Le Tort* et qui conduisent à la plaine des Palmistes.

10 Septembre 1772. — Décision des directeurs de la Compagnie concernant les formalités à remplir pour la réunion aux Domaines des terrains non mis en valeur dans les temps prescrits.

31 Août 1774. — Vente de M. Le Tort à M. Desforges de Parny de ses concessions à Saint-Benoit. On ignore les limites de ces concessions, ainsi que les clauses et conditions auxquelles elles avaient été faites. Cet acte n'existe plus, et se trouve seulement relaté dans une vente du 29 novembre 1787.

29 Décembre 1787. — Vente à M. Pierre Gruchet par M. Chériseuil Desforges de Parny-Montchéry du sixième de ses droits et prétentions sur les acquêts Le Tort, se portant fort de faire approuver cette vente par ses deux frères.

Ici commence la question soulevée par la Direction des domaines sur ce qu'il faut entendre, dans les concessions du quartier de Saint-Benoit, par les expressions, employées en cette occasion comme synonymes dans les transactions sur le même acte : *Bornée par les hauts par le sommet de l'Ile*, ou bien *par le sommet des montagnes.*

12 Août. 1794. — Vente faite à MM. J.-B. Hubert de Montfleury, Joseph Cavalier Dubousquet et Villeneuve Champierre des acquêts Pierre Gruchet par la dame Catherine Calvert, veuve Pierre Gruchet.

C'est en vertu de ce contrat que les héritiers de ces familles ont formulé des oppositions à la concession complète des deux plaines des Cafres et des Palmistes.

1795 ? — M. Hubert de Montfleury ouvre dans la plaine des Palmistes le chemin de la Plaine pour unir Saint-Benoit et Saint-Pierre par l'intérieur de l'Ile.

1796. — Fondation d'un établissement agricole à la plaine des Palmistes, au lieu dit *Les Sables*, au nom de la famille Hubert. Les colons MM. Aubry, Furet et Guillon l'abandonnèrent en 1798, trouvant que les promesses qui leur avaient été faites pour les aider dans leur exploitation n'avaient pas été remplies.

1802. — M. Bory de Saint-Vincent visite en touriste la plaine des Cafres et il regarde la plaine des Palmistes du haut de la Grande-Montée. Il donne dans le récit de ses *voyages* la première description connue de ces localités.

1816. — M. Bouvet de Lozier, gouverneur, accueille des idées de colonisation pour la plaine des Palmistes, et il les allie avec le projet d'ouvrir une route de communication du centre de l'Ile avec Saint-Denis. Le chemin aurait passé la rivière des Marsouins près de sa source, aurait été de là à la mare à Poule-d'Eau , puis à la mare à Martin , et fût enfin arrivé à la rivière des Pluies en passant entre la plaine des Chicots et la plaine des Fougères.

1818. — M. Thomas , ordonnateur, commence son *Essai de statistique de l'île Bourbon* , imprimé en 1828 , et il y consacre un chapitre à exposer ses idées sur une nouvelle colonisation intérieure.

1822. — Le Gouvernement fait élargir le tracé du chemin de la Plaine , afin de le rendre plus praticable aux voyageurs.

19 Avril 1825. — Acte de M. Desaulses de Freycinet, gouverneur , autorisant le partage du terrain situé entre la ravine des Cabris et la rivière Saint-Etienne, en faveur des concessionnaires des terrains situés au-dessus de la ligne dite *base des habitations* , et au prorata des droits de chacun des concessionnaires primitifs , et ensuite au prorata des droits de chaque propriétaire actuel dans lesdites concessions.

22 Avril 1828. — Arrêt local qui autorise le mesurage et le partage des terrains concédés en 1728 au bras de Ponteau. Le mesurage est exécuté dans l'année par M. Vendriès , arpenteur.

1832 ? — M. Frappier de Montbenoit, habitant de Saint-Pierre , demande la concession des sources du Haut-Cassé , dont les eaux tombent de la plaine des Cafres dans la plaine des Palmistes. Une opposition ayant été formée par le maire de Saint-Benoit , l'Administration ne donne pas suite à cette requête.

1834. — Les héritiers de MM. J.-B. Hubert de Montfleury , Joseph Cavalier Dubousquet et Villeneuve Champierre forment opposition à la concession complète des deux plaines des Cafres et des Palmistes.

C'est au sujet de ces oppositions , appuyées sur l'acte du 12 août 1794 , que l'arrêté du 4 novembre 1851 réserve les droits des tiers dans la plaine des Palmistes.

1834. — Une commission , dont M. Patu de Rosemont est nommé président et rapporteur, explore les deux plaines des Cafres et des Palmistes et adresse un rapport sur la colonisation.

C'est à compter de cette époque que M. Patu de Rosemont commence à s'occuper activement de cette grande question, et c'est à ses discours, à ses nombreux rapports au Conseil colonial, dont il était membre , que l'on doit particulièrement l'état actuel du chemin de la Plaine, son ancien classement comme route coloniale, et la discussion sérieuse d'une nouvelle colonisation en 1840 et en 1841. Le projet ne fut retiré par l'Administration que par suite d'un compromis parlementaire.

1835. — En 1831 quelques habitants s'étaient déjà établis à la plaine des Palmistes ; mais en 1835 le bruit s'étant répandu que cette plaine allait être concédée, plusieurs habitants allèrent spontanément s'y fixer, afin d'avoir le choix des terrains. Presque tous ont abandonné successivement, par suite de l'ajournement de la colonisation ; cependant quelques uns y sont encore établis.

11 Juin 1836. — Le Conseil colonial adopte le projet de décret concernant les concessions, aliénations et échanges des propriétés du domaine colonial. — Cet acte, sanctionné par le roi, est devenu le décret colonial du 5 août 1839, qui régit actuellement la matière.

12 Décembre 1836. — M. Paul Reilhac, habitant de Saint-Pierre, découvre une source au pied du piton de la Grande-Montée (plaine des Cafres) et il entreprend d'en conduire les eaux dans les terres de la ravine des Cabris. Après neuf années de travaux assidus et de sacrifices onéreux, il réussit enfin dans son entreprise. Ce beau travail d'utilité publique est connu sous le nom de *Canal Paul Reilhac*.

Juin 1837. — Commencement des travaux, dans le quartier de Saint-Benoit, pour faire du chemin de la Plaine une route coloniale.

Août 1840. — Commencement des mêmes travaux dans les terres de Saint-Pierre.

Novembre 1840. — Rapport fait au nom du Conseil colonial sur un projet de décret du Gouvernement pour la concession gratuite de la plaine des Palmistes.

Octobre 1841. — Commencement des travaux des nouvelles rampes Le Tort (chemin de la Plaine).

Novembre 1841. — Rapport fait au nom du Conseil colonial sur un nouveau projet de décret pour la concession gratuite de la plaine des Palmistes.

1845. — Travaux entrepris pour régulariser les rampes de la Grande-Montée (chemin de la Plaine).

Août 1847. — M. Paul Reilhac fonde un établissement à la Grande-Montée (plaine des Cafres); il y met des animaux : bœufs, moutons, porcs et cabris.

Septembre 1847. — M. Cabeu, habitant de Saint-Pierre,

qui avait bâti en 1846 une métairie près du bras de la Plaine (plaine des Cafres), y envoie un troupeau qu'il avait dans les bas du bras de Ponteau.

22 Novembre 1847. — M. Graeb, gouverneur, ordonne la création d'un poste militaire , celui de *Sainte-Agathe,* au centre de la plaine des Palmistes. Cette mission est confiée au lieutenant Textor de Ravisi , et celle aussi d'étudier les localités intérieures dans l'intérêt de l'accroissement des ressources agricoles du pays, et dans le but aussi de faciliter les opérations stratégiques qui deviendraient nécessaires' dans un moment de danger.

25 Juin 1848. — Pétition adressée par les habitants de la commune de Saint-Benoit au Conseil colonial, pour lui demander de vouloir représenter au Commissaire général de la République l'urgence et l'utilité d'une nouvelle colonisation intérieure, — de celle de la plaine des Palmistes.

5 Janvier 1849. — Rapport fait par la commission chargée de déterminer les terres appartenant encore au domaine dans la Colonie , et d'indiquer les mesures à prendre pour en tirer le meilleur parti possible.

10 Mai 1849. — Nomination d'une commission chargée d'examiner toutes les questions qui se rattachent à la plaine des Palmistes et à la plaine des Cafres , et de présenter un projet de colonisation de ces deux localités. La commission remet son travail le 10 juillet 1849.

13 Juin 1849. — M. Henri Cabeu qui a réuni en un seul domaine toute la partie supérieure des cinq concessions faites au bras de Ponteau en 1728 , et qui représentait dans les derniers temps une soixantaine de propriétaires , vend à M. Gabriel Le Coat de Kvéguen tous ses droits et prétentions sur cette partie supérieure desdits terrains. (Sousseing-privé du 2 avril 1849.)

C'est cette portion principalement qui est contestée par les Domaines, et pour laquelle l'arrêté du 4 novembre 1851 a posé, en particulier, la réserve des droits des tiers dans la plaine des Cafres.

27 Mars 1850. — Envoi au poste de Sainte-Agathe de plusieurs militaires convalescents , malades de fièvres contractées à Madagascar. Ils y retrouvent promptement la santé.

3 Juin 1850. — Envoi au poste de Sainte-Agathe d'un agent de la Direction des ponts et chaussées, et de condamnés aux travaux publics, pour ouvrir dans le bois des balisages rectangulaires, selon le projet de la commission du 10 mai 1849.

30 Octobre 1850. — Arrêté de M. Doret, gouverneur, concernant la police des routes, et qui divise en trois classes les routes et les chemins de la Colonie. Il place le chemin de la Plaine comme route nationale.

8 Mars 1851. — L'Administration fait paraître un des mémoires que lui a adressé M. Textor de Ravisi sur les terres intérieures, celui ayant pour titre : *Études sur les deux plaines des Palmistes et des Cafres.*

26 Août 1851. — Arrêté qui double l'effectif des militaires du poste de Sainte-Agathe, et qui les emploie, sous la surveillance de la Direction des ponts et chaussées, à terminer le chemin ouvert entre la route et le poste de Sainte-Agathe.

15 Novembre 1851. — Promulgation de l'arrêté du 4 novembre 1851, de M. Doret, gouverneur, qui décrète la concession et la colonisation des deux plaines des Palmistes et des Cafres.

19 Décembre 1851. — Opposition faite à la concession complète de la plaine des Cafres par les héritiers des droits des cinq concessionnaires établis au bras de Ponteau en 1728. Ils déclarent que par suite de transactions nombreuses la partie supérieure desdits terrains a été réunie dans la propriété d'un d'entre eux, M. Henri Cabeu. C'est particulièrement cette portion qui est contestée par les domaines.

12 Février 1852. — Notification d'un acte sous seing privé en date du 2 avril 1849, enregistré le 13 juin 1849, portant vente au profit de M. Gabriel Le Coat de Kvéguen, pour la somme de 500 francs, des acquêts Henri Cabeu, ci-dessus désignés.

27 Février 1852. — Opposition faite à la concession complète de la plaine des Cafres, par M. Gabriel Le Coat de Kvéguen, en vertu des titres divers de propriété qu'il possède sur les terrains situés entre le bras de la Plaine et le bras de Ponteau, entre la ravine des Cabris et la ravine des Trois-Mares, entre la ravine des Cabris et la ravine Blanche, entre la ravine Blanche et la rivière d'Abord, entre la rivière d'Abord et la ravine des Cafres.

27 Février 1852. — Opposition faite par les héritiers de feu Yves-Louis Lebidan à la concession des terrains situés entre la ravine de la Mare et celle du bras de Ponteau, à partir du piton Hyacinthe à monter jusqu'à la plaine des Cafres proprement dite, se portant aux droits des deux concessions faites en 1728 à Mlle. Elisabeth Gouzeraux et à M. Charles Feydeeu-Dumesnil.

III.

*Extraits du Rapport du Ministre de la guerre au Président de la République sur la colonisation de l'Algérie. ***

I.

Considérations.

Analogie des principes de l'arrêté du 4 novembre avec ceux consacrés dans le rapport pour la colonisation de l'Algérie.

Dans les Etudes sur les deux Plaines, en analysant le projet de la commission du 10 mai 1849, j'ai cité un remarquable paragraphe du rapport du général d'Hautpoul, ministre de la guerre, sur la colonisation de l'Algérie. Je présente ici des extraits de ce magnifique et lumineux travail, car il consacre pour nous de bien utiles enseignements. Et puis, ne semble-t-il pas comme composé exprès pour le sujet qui nous occupe ? ne semble-t-il pas qu'en y écrivant *Réunion* au lieu de *France*, et *plaine des Cafres* et *plaine des Palmistes* au lieu d'*Algérie*, nous n'ayons justement un aperçu d'intérêt local ? C'est qu'il renferme, en effet, des résultats pratiques d'expériences nombreuses et variées qui sont acquis à tous les pays, et qu'il consacre enfin de ces principes colonisateurs qu'on ne saurait plus méconnaître. Aussi, est-ce avec fierté que nous avons écrit : « Nous sommes heureux de pouvoir relater que l'esprit du projet de la commission du 10 mai 1849 s'était rencontré avec une autorité d'un si grand poids. »

L'arrêté du 4 novembre 1851 y rentre davantage encore, et si le Conseil général de la Colonie avait été en fonctions, s'il avait pu voter des encouragements plus considérables et plus complets à la production, nul doute, alors, que le décret de colonisation des deux plaines des Cafres et des Palmistes n'eût paru dans son ensemble une espèce d'application intelligente et nouvelle faite à l'île de la Réunion des idées principales consacrées dans le rapport du général. Mais cette prudente réserve qui doit guider l'Administration, privée encore du concours d'une représentation locale, ne lui a pas permis d'allouer des fonds plus considérables pour la réussite de cette œuvre, œuvre d'utilité coloniale, il est vrai, mais dont la marche et la réussite sont aussi une question de temps. Elle a satisfait aux exigences du présent ; l'avenir appartient au Conseil général.

(*) *Moniteur Universel* du 15 septembre 1850.

Nous ferons un appel à son patriotisme et à son intelligence quand il sera réuni , et nous lui exposerons, avec les nouveaux colons, les encouragements nouveaux qu'il doit accorder à son tour : ceux indiqués par l'expérience ou par l'étude de la marche de la colonisation. Car s'il faut pour féconder ces riches localités du TRAVAIL , il faut aussi que ce travail soit vivifié par des CAPITAUX.

Les travailleurs et les capitaux y viendront avant peu , nous n'en doutons pas ; car ils auront toutes les chances de la réussite , ils accompliront une œuvre coloniale dans laquelle le Pays ne peut que les encourager et pour laquelle son intérêt même , à défaut de son ancienne et patriotique générosité , saura leur venir en aide.

Voici les extraits du rapport du général d'Hautpoul :

Travaux publics.

Les travaux publics sont l'énergique et indispensable auxiliaire de la colonisation , prise à son plus large point de vue.

En effet , comment coloniser sans routes pour relier entr'eux les centres de populations ; sans desséchements pour assainir les localités devenues insalubres par la stagnation des eaux , et pour rendre à la culture des terres perdues pour elle ; sans ports destinés à ouvrir d'abord de larges voies au commerce extérieur , et à procurer ensuite l'écoulement des produits de la culture et du commerce intérieur de la Colonie ;.............................. enfin , sans édifices , siéges de l'administration publique , autour desquels se groupent d'abord les constructions particulières qui , de l'humble condition de villages , doivent plus tard s'élever au rang de villes ?

. . . .

Travaux militaires.

. . . .

C'est ainsi que l'armée , après avoir énergiquement concouru à la colonisation :

Par la conquête du territoire ,

Par le maintien de la sécurité ,

Par l'emploi de ses bras aux travaux publics, crée encore, par ses établissements militaires , des jalons et des berceaux de civilisation.

Colonisation.

Quelques personnes qui tiennent pour non avenu ce qu'elles n'ont pas vu de leurs propres yeux ont reproché au

Gouvernement de n'avoir pas assez fait en Algérie. Le tableau ci-dessus, d'une fidélité scrupuleuse.... dissipera..... plus d'un préjugé, et devant les faits accomplis disparaîtront d'injustes accusations. Et encore faut-il tenir compte des difficultés qui étaient à surmonter, et dont la plupart ont heureusement cessé.................................

Essais de divers modes de colonisation.

L'agriculture, base de la colonisation, est un art qui a ses règles variables selon les lieux, les climats, un art qu'il faut avoir le temps d'étudier.

Grâce aux jardins d'essai et d'acclimatation fondés par le Gouvernement, l'agriculture algérienne a été dégagée de la plupart de ses mystères.

Il n'en est pas moins vrai que pendant longtemps elle est demeurée pleine d'incertitudes.

L'ignorance originaire de la part des premiers colons dut produire et produisit d'inévitables mécomptes.

Ces mécomptes, dont la véritable cause n'était pas suffisamment appréciée, rendirent craintifs les capitaux. Se figurant avoir de gros risques à courir, ils lésinèrent, ils entreprirent avec des fonds insuffisants ; et, quelle que fût la fertilité naturelle du sol, pour avoir trop ménagé leur argent, ils s'exposèrent à le perdre entièrement.

Aujourd'hui des données certaines sont là pour éclairer et guider les entreprises sérieuses et les couronner de succès.

D'autres causes multiples, successives, ont également paralysé l'essor colonisateur.

Dans l'origine, les irrésolutions relativement à l'utilisation d'une conquête inopinée, suivie d'une révolution, ne pouvaient que réagir sur les particuliers.

Plus tard, les menaces contre la conservation de l'Algérie, tombées du haut de la tribune, amenèrent un temps d'arrêt.

Vint ensuite une grande guerre ;

Puis la crise financière, qui date de 1846.

Le Gouvernement n'en a pas moins constamment et courageusement lutté contre ces difficultés graves et que le temps a trop fait oublier ; et ses efforts ont pu obtenir néanmoins les résultats ci-dessus esquissés.

La colonisation n'est ni impossible, comme quelques-uns ont pu le croire, ni si aisée que d'autres le pensent.

C'est une œuvre qui offrait des difficultés par rapport aux moyens d'installation de travailleurs sur une terre féconde, mais en friche.

Pour y parvenir, l'Administration s'est bien gardée des règles absolues. L'affaire était neuve : les hésitations étaient permises, les expériences nécessaires.

Les premiers villages, créés dans le Sahel , se formèrent d'éléments pauvres. Il était délivré alors aux colons , avec une concession de 8 à 10 hectares de terre, des subventions en matériaux à bâtir d'une valeur de 6 à 800 fr.

Ailleurs, comme à Saint-Ferdinand et à Sainte-Amélie , les concessionnaires furent installés dans des maisons toutes construites , auxquelles furent jointes des terres en partie défrichées, le tout moyennant 1,500, 800, ou 600 fr. , suivant l'importance des concessions.

La colonisation par les militaires a été essayée : Fouka , Mered et Mahelma ont été peuplés de soldats soumis à une certaine discipline et subventionnés par l'Etat.

Dans les trois provinces , des étendues considérables de terres ont été concédées à des capitalistes, sous la condition de les exploiter et peupler, l'Etat ne se chargeant que des travaux d'utilité publique.

En même temps qu'elle essayait tous les systèmes, l'administration ne repoussait aucun concours pour arriver à la prompte fertilisation du sol.

Une société de trappistes a fondé dans les envions d'Alger, à Staouéli, un vaste établissement qui est à la fois un refuge pour les malheureux et une exploitation agricole modèle.

Une association inspirée par l'école phalanstérienne a même été encouragée dans la province d'Oran. Une concession de 3,000 hectares lui a été faite, avec une subvention importante pour l'exécution des travaux de défense et d'assainissement.

Ces diverses tentatives ont mis en lumière d'utiles enseignements.

Elles ont démontré que ni les riches , ni les pauvres ne pouvaient faire avancer beaucoup la colonisation si on les employait isolément.

C'est à l'union des forces, au rapprochement des capitaux et des bras, au concert de leurs aptitudes diverses, qu'il est réservé de produire une colonisation rapide et vigoureuse. L'Etat doit les aider de son côté, non plus par des subventions directes, mais par l'exécution des travaux publics et par d'efficaces encouragements à la production.

Encouragements donnés à la colonisation.

Des bœufs tirés des parcs de l'armée sont prêtés , cha—

que année, aux concessionnaires pour leurs travaux agricoles.

Des instruments aratoires sont mis à la disposition des plus nécessiteux.

Des semences en blé et en orge leur sont avancées, sauf restitution en nature ou en argent, sur le produit de la récolte, dont jusqu'à présent les besoins de l'armée ont assuré le placement à des conditions avantageuses.

Un très grand nombre d'arbres sont livrés, chaque année, par les pépinières de l'Etat, soit gratuitement, soit à des prix inférieurs à ceux du commerce. Plus de 150,000 plants ont été ainsi distribués pendant la dernière saison.

Des primes ont été accordées pour les cultures essentielles, ainsi que pour l'introduction des animaux de race choisie.

Des dépôts d'étalons placés à Koléah, Mostaganem et à l'Alelik (près Bone), pourvoient à la conservation et à l'amélioration de la race chevaline.

Des sociétés et des comices agricoles, fondés dans chaque province, ont la mission d'éclairer et de guider les cultivateurs.

L'ignorance de procédés pour la dessiccation du tabac empêchait les colons d'en tirer parti. Les leçons d'hommes spéciaux entretenus par l'Etat ont vulgarisé cette précieuse culture.

Les tabacs récoltés sont achetés par l'Administration à des prix convenables et fixés d'avance.

L'industrie séricicole avait rencontré un obstacle dans l'absence de filature. En attendant que l'industrie privée y pourvoie, l'Administration achète les cocons à des prix basés, chaque année, sur les mercuriales de France, et fait vendre, à Lyon, par l'entremise de la chambre de commerce, pour le compte de l'Etat, les soies dévidées et filées à l'établissement des pépinières du Gouvernement. Cette mesure a produit d'heureux résultats.

Le même mode d'encouragement est appliqué à la production de la cochenille, du coton.

Des institutions administratives ont pour effet de secourir les travailleurs. Ainsi, par exemple, des dépôts d'ouvriers fondés à Alger, Oran, Bone et Philippeville protègent contre la misère l'ouvrier d'art ou agricole qui arrive sur la terre d'Afrique sans y être assuré du travail.

Des asiles, chefs-d'œuvre de la charité chrétienne, ont été ouverts aux orphelins. Parmi ces établissements, que l'Etat subventionne, je citerai entre autres ceux fondés à Ben-Aknouin, près d'Alger, par M. l'abbé Brumauld; à Miserghin, province d'Oran, par M. l'abbé Abram ; et à Medjèz-el-Amar, province de Constantine, par M. l'abbé Landmann. Là, et dans quelques autres établissements secondaires, sont entretenus 577 orphelins de l'un et de l'autre sexe.

Les encouragements moraux n'ont pas manqué non plus.

Pour que le père de famille accepte l'Algérie comme une nouvelle patrie, il faut qu'il retrouve les consolations et les secours de sa religion , ainsi que l'assurance d'une bonne éducation pour ses enfants.

Des églises , des temples et des chapelles ont été fondés pour tous les cultes.

Des lycées et des écoles pourvoient à toutes les nécessités de l'instruction publique.

Fertilité de l'Algérie.

Le Gouvernement a levé, par la pacification, un premier et radical obstacle.

Par ses immenses travaux publics et par ses nombreuses créations agricoles, il a formé la charpente de la colonisation.

Il a encouragé et encouragera plus encore la production par tous les moyens en son pouvoir.

C'est maintenant à l'industrie privée d'achever l'œuvre par la fertilisation du sol.

La bonne volonté ne lui manque pas , car elle va d'elle-même partout où il y a profit à faire.

Ce qui a contribué à ralentir son élan , c'est l'ignorance des ressources que l'Algérie offre au travail.

Il est vrai que les richesses naturelles du pays ne se sont révélées que successivement et à l'aide du temps. Chaque jour amène sa découverte.

Et, par une heureuse coïncidence , les produits si riches et si variés de l'Algérie sont de nature à ne pas faire concurrence à la France et à la dégager du tribut qu'elle paie à l'étranger.

IV.

Analyse d'ensemble des principes et des considérations de l'arrêté du 4 novembre 1851.

Considérations.

Difficulté d'examen des questions coloniales.

S'il est vrai que dans les sociétés modernes les questions d'économie politique soient plus compliquées que dans les sociétés anciennes , et que mal résolues elles aient une in-

fluence fatale sur les destinées des citoyens, dans nos sociétés coloniales, sociétés d'exception et de droit coutumier,
dont les ressorts se compliquent aujourd'hui des ruines non
relevées encore et des traditions non oubliées du système de
l'esclavage, ces questions ne le sont-elles pas d'avantage :
leur examen et leur solution ne sont-ils pas plus diffici-
les ? Les faits le démontrent, et c'est à cette plus grande
difficulté qu'il faut attribuer, entre autres causes, cette
divergence profonde qui sépare les esprits sur toutes les
matières coloniales, cette multitude d'écrits opposés sur la
même question, et cette acrimonie, comme aussi cette sus-
ceptibilité sur les principes ou sur les choses, expressions
naturelles des divers intérêts des partis et des classes.

Dans des questions où la diversité des points de vue d'appréciation est proclamée d'avance, selon l'angle d'observation du prisme qui la soumettra à l'examen, dans des questions où la différence dans la manière de voir et de comprendre, d'exposer et de juger les faits et les choses est,
pour ainsi dire, admise par chacun avant toute discussion,— que la discussion soit donc franche mais modérée,
logique mais non blessante. (Telle sera notre manière de
présenter et de juger dans ces commentaires.) Que le jugement du public soit bienveillant, même quand l'auteur
ne présenterait pas la discussion au point de vue qu'il la
désirait, s'il y constate, du reste, l'intention continue et
bien marquée de chercher à éclairer et non pas à blesser
des susceptibilités et des opinions reconnues.

De l'ensemble de l'arrêté du 4 novembre 1851.

L'arrêté du 4 novembre 1851 s'appuie pour nous sur
l'expérience du passé, satisfait aux exigences du présent
et consacre tous les progrès de l'avenir.

Il s'appuie sur l'expérience du passé par la mise à profit
qu'il fait des fautes commises dans les actes des concessions
anciennes, par l'application qu'il consacre de meilleurs
principes : réserve des droits antérieurs ou des droits des
tiers, mode de concession, obligations imposées aux concessionnaires, dispositions de détail, réserves domaniales
et particulières d'utilité générale, etc. L'effort de l'Administration se montre constant pour chercher à assurer la
réussite et l'avenir de la colonisation par une législation
plus complète et plus intelligente de la matière.

L'arrêté satisfait aux exigences du présent en procurant
immédiatement au Pays des ressources nouvelles, en n'admettant d'autres priviléges que ceux exigés par l'intérêt
public, en créant le tirage au sort, en appelant toutes les

classes de la population créole au bénéfice des concessions sous la condition du travail et de la moralité, en proclamant l'union des bras et des capitaux , l'utilité des travaux publics , les encouragements à la production ; enfin en montrant une sollicitude avouée pour les besoins nouveaux de la Colonie et une recherche attentive des meilleurs moyens d'y satisfaire.

L'arrêté consacre aussi les progrès de l'avenir par sa haute prévoyance à y pourvoir d'avance. Il arrête , dès maintenant , la fondation d'établissements utiles , fait des réserves de terrains pour l'installation de ceux qui seraient reconnus ultérieurement nécessaires , et il pose surtout le principe si fécond pour ces localités , que toutes les institutions civiles , administratives , militaires et religieuses dont sont pourvues les autres communes de la Réunion y seront mises en vigueur au fur et à mesure de l'accroissement de la population et des progrès des cultures.

Nul doute , cependant , que cet arrêté ne soit pas parfait; que dans ses principes , ses applications et ses conséquences, il laisse encore à désirer , beaucoup même , nous l'admettons. Quelle loi , quelle constitution peut prétendre à la perfection absolue ? A l'apparition d'une œuvre législative, toutes les appréciations pour ou contre peuvent trouver des raisonnements en faveur de leur manière de voir et des partisans sincères pour les soutenir : mais le temps est le grand juge de l'excellence des institutions humaines.

Plusieurs objections qui m'ont déjà été opposées prouvent pour moi plutôt la difficulté de la question que les vices de l'arrêté. Poussées dans leurs limites dernières, ces argumentations, en effet, feraient arriver à ces deux conclusions extrêmes : impossibilité , dans la situation actuelle du Pays, de préparer une nouvelle colonisation intérieure ; impossibilité de réussir.

L'application soulèvera , sans doute , des difficultés , il faut s'y attendre ; mais elle fera aussi tomber bien des prétendues impossibilités. Qu'on se mette à l'œuvre sur les bases proposées, là est le point capital. L'expérience, mieux que la discussion , démontrera plus tard ce qui est mal, ce qui est bien. Jusque-là pourquoi, entre ces deux assertions extrêmes, ne croirions-nous pas que, sans être obligé de choisir, il est des degrés où l'on peut s'arrêter, et où l'on peut satisfaire à toutes les exigences.

Des garanties qu'il donne aux colons.

L'Administration est toujours apte à modifier , à compléter , à rappeler même les dispositions de ses arrêtés : c'est une de ses plus nobles , de ses plus utiles prérogatives. Les idées et les choses marchent vite dans notre siècle. Pourquoi l'arrêté crée-t-il une commission de colonisation sous le patronage des maires et des ingénieurs des deux communes où se trouvent les localités à concéder , avec mission de recevoir les demandes et de les classer? Pourquoi crée-t-il un conseil municipal provisoire pour gérer les affaires des colons en attendant que les deux plaines puissent présenter une importance assez grande qui permette de les doter d'une municipalité réelle ? Pourquoi ces institutions , disons-nous, si ce n'est pour entourer la colonisation de toutes les garanties possibles d'ordre, de justice et de protection dont l'Administration pouvait disposer?

Le conseil municipal provisoire est le défenseur naturel et officiel des nouveaux colons. Qu'une prescription de l'arrêté vienne, par l'expérience et la pratique , à être démontrée nuisible ou ne remplissant pas le but qu'on en attendait , pourquoi donc n'en demanderait-il pas la modération ou le dégrèvement ? Quel obstacle, quel empêchement peut-on prévoir , dès maintenant , pour que l'Administration , qui ne désire, après tout , que le bien des concessionnaires et la réussite de leurs travaux , n'y acquiesce pas? Et puis, quand le Conseil général fonctionnera , ne sera-t-il pas aussi la sentinelle vigilante et dévouée des intérêts du Pays, ne protégera-t-il pas les nouvelles communes. (1)

Que pourrait-on redouter contre les intérêts des concessionnaires? De quelles garanties plus grandes de sécurité et de travail voudrait on les voir entourer ? Pourquoi ces oppositions avouées , pourquoi surtout ces oppositions sourdes contre l'arrêté et contre la colonisation elle-même ?

Quelqu'imperfection qu'on veuille relever dans cette entreprise, elle se recommandera toujours pour nous à la bienveillance publique par le désir d'avoir voulu faire une chose utile , et par la satisfaction donnée à tous les intérêts.

Exposé des principes d'économie politique et morale qu'il consacre.

Les considérations et les principes qui ont servi de base aux prescriptions de l'arrêté ont trait à de hautes questions de moralité, d'ordre public et d'avenir.

Cependant on peut résumer en deux mots l'application qu'il en fait : SOULAGER ET DIMINUER LE PROLÉTARIAT DANS L'ILE DE LA RÉUNION , LE FAIRE D'UNE MANIÈRE UTILE EN LUI CRÉANT DE NOUVELLES RESSOURCES.

---

(1) Article 25 du projet de loi sur l'organisation et les attributions du Conseil général aux colonies.

Pour y arriver, l'arrêté cherche:

A satisfaire aux justes progrès des idées ;

A créer de nouvelles propriétés ;

A consacrer les droits acquis ;

A augmenter la production;

A mettre en honneur le travail agricole.

Exposons, maintenant, l'esprit des dispositions qu'il consacre. Nous devons cette manifestation de nos idées. Nous sommes dans des temps de transition, entre un passé plein de souvenirs et de gloire, mais qui ne satisfait plus aux idées et aux besoins des hommes, et un avenir grandiose mais chargé d'incertitudes et d'appréhensions cruelles ; — nous sommes à une époque où quiconque écrit avec conscience, sur un sujet d'économie politique et morale, est forcé, non seulement de rendre compte des faits et des idées, mais encore des considérations qui s'y rattachent : un parti décisif est à prendre aujourd'hui en toutes choses ; l'équivoque n'est plus permise.

La tâche du législateur avait bien ses difficultés dans l'arrêté du 4 novembre 1851. Il a voulu se tenir en garde contre des idées trop nouvelles d'économie et de morale politique, et satisfaire néanmoins aux justes progrès des idées acquises. La balance est difficile à tenir égale dans un pareil milieu : il n'est que trop facile aujourd'hui de faire échouer l'œuvre que l'on dirige sur les écueils cachés sous ces amas de verdure attrayante que l'on prend pour des îles nouvelles où l'on croyait aborder.

Nous sommes aujourd'hui entre deux âges. « L'Europe, dit Napoléon, attend, sollicite la fondation d'une nouvelle société, le vieux système est à bout et le nouveau n'est point assis et ne le sera pas sans de longues et furieuses convulsions. » (1) La loi politique de l'humanité n'a point reçu encore tous ses compléments. (2)

---

(1) Mémorial de Sainte-Hélène.

(2) Châteaubriand écrit dans ses mémoires d'outre-tombe: « Le christianisme est l'appréciation la plus philosophique et la plus rationnelle de Dieu et de la création; il renferme les trois grandes lois de l'univers: la loi divine, la loi morale, la loi politique. La loi divine, unité de Dieu en trois personnes; la loi morale, charité; la loi politique, c'est-à-dire liberté, égalité, fraternité.

Les deux premiers principes sont développés; le troisième, la loi politique, n'a point reçu ses compléments, parce qu'il ne pouvait fleurir tandis que la croyance intelligente de l'Etre infini et la morale universelle n'étaient pas solidement établies. Or, le christianisme eut d'abord à déblayer les absurdités et les abominations dont l'idolâtrie et l'esclavage avaient encombré le genre humain.

Ouvriers de tous rangs et de toutes conditions, Napoléon, Châteaubriand, Fourrier, Lamennais, chacun y travaille avec ardeur et apporte à son édification la pierre proportionnée à sa force. C'est l'esprit de notre siècle, c'est sa noble tendance ; c'est le lot magnifique que semble lui avoir assigné Dieu dans la tâche des siècles.

La prudence aujourd'hui est la première attention du législateur, la première préoccupation de son initiative dans toute œuvre sociale nouvelle.

N'ébranlons rien, ne réformons rien avant de pouvoir mettre en place quelque chose de meilleur, de possible. Dans aucune série de considérations humanitaires, le dernier mot n'a été prononcé, sans doute, mais néanmoins ne nous laissons égarer ni par notre esprit ni par notre cœur, et restons dans le domaine de la réalité, sans jamais entrer dans la région des chimères.

De l'association.

L'association, nous dira-t-on peut-être, si vous n'avez pas admis l'association vous ne devez plus réussir dans la création d'une colonisation, d'une nouvelle société.

Nous connaissons aussi l'association, au moins en théorie ; nous l'avons étudiée à sa source, ou plutôt nous avons admiré ce principe dans ce génie si longtemps méconnu, dans cet homme obscur, dans ce grand penseur qui fit jaillir la lumière dans les destinées humaines, dans Charles Fourrier, qui l'a révélé à la philosophie. Il l'a révélé ce principe sublime que Dieu avait mis en dépôt dans les saints Évangiles ; il l'a commenté, raisonné et poursuivi jusque dans toutes les conséquences de la logique la plus hardie, jusqu'au-delà même des confins de l'idéalité. Oui, pour nous aussi l'association est destinée à devenir le pivot d'une science aussi exacte que les autres sciences naturelles, et sanctifiée et développée par la charité chrétienne, elle parviendra peu à peu à la rénovation de l'ordre social actuel. Notre orgueilleux système croulera sous l'égoïste individualité, comme le vieux système romain s'est anéanti un jour sous l'indifférence religieuse et la démoralisation. Mais pour croire à cet ordre d'idées nous n'en pensons pas moins qu'une science d'une si haute portée ne s'improvise pas dans un demi-siècle, et que malgré les travaux immenses des hommes généreux et ardents de l'école sociétaire, le grand problème de l'association est bien loin d'être résolu. Nous dirons même hautement qu'il n'est qu'à peine posé, au point de vue de la pratique du moins ; c'est le seul qui nous occupe.

L'arrêté reconnaît le principe de l'association ; mais il ne consacre néanmoins que l'exploitation individuelle, la propriété individuelle. L'association de la propriété y est mise, par exception seulement, dans l'exploitation générale des pâturages de la plaine des Cafres et des pâturages communs de la plaine des Palmistes. La pratique a résolu de la sorte le meilleur mode de propriété dans les pays où l'élève des animaux est le principal revenu. Il la consacre dans les travaux d'utilité publique, dans les charges communales; c'est le conseil municipal provisoire qui fixe les quotités des journées ou des redevances que chaque concessionnaire doit fournir. Il consacre l'association par le principe posé de l'expropriation sans indemnité, pour cause d'utilité publique ou même particulière, dans des cas donnés, en disant que les concessionnaires se devront réciproquement passage soit pour aller aux ressources en eau appartenant aux domaines, soit pour la conduite des eaux d'une concession à une autre.

Du droit de propriété.

Le droit consacre les modifications que les éléments de la société ont subi dans leur mode d'existence. La société ayant progressé, le droit est progressif. La propriété, ou cette portion du droit qui règle les rapports des personnes avec les choses, est donc également progressive et perfectible.

Après les profonds écrits et les grands travaux de MM. V. Considérant, Prudhomme, Thiers, Pyat, et de tant d'autres économistes célèbres de toutes les écoles, que pourrions-nous ajouter à ce qu'ils ont dit de la propriété. Nous ne relaterons même pas leurs opinions, elles sont connues ; nous présenterons seulement quelques observations dans le sens des idées que nous allons exposer et de celles que nous avons déjà émises.

Nous ne voudrions pas nous permettre ici d'indiquer les modifications successives que la constitution du droit de propriété aura forcément à subir pour marcher vers le but où tend la société. Cependant il est trois aperçus généraux que nous indiquerons forcément, parce qu'ils se tirent naturellement de l'étude du passé.

Ces caractères sont :

1° Les changements survenus dans la constitution du droit de propriété correspondent à des modifications nouvelles de la société ;

2° A chaque modification nouvelle de la société, le droit de propriété est devenu le partage d'un plus grand nombre;

3° Enfin le droit de propriété tend sans cesse à conférer

au propriétaire un pouvoir plus entier, plus complet et plus solide sur la chose.

Chaque changement futur social devra donc suivre cette loi de progrès dans la perfectibilité. Cette loi est exacte, selon nous, dans les sociétés de l'Europe comme dans celles de ses colonies. C'est donc dans ce sens qu'il faut marcher désormais, quand on aura à régir des éléments de la propriété. Ne restons jamais stationnaires ; la société doit accepter les faits humanitaires, et seulement les régler selon la justice et selon ses intérêts, pour guider plus sûrement son avenir vers le but où la Providence la conduit.

C'est l'application de ces principes que nous croyons voir dans l'arrêté quand il consacre que toutes les classes de la population créole sont appelées à obtenir des concessions ; quand il les confère gratuitement, et les rend propriétés réelles, aussitôt que les conditions d'exploitation auront été remplies ; quand il met tout ce dont il peut disposer actuellement d'instruments de travail (ou de capital) à la disposition des bras et de l'intelligence des concessionnaires (ou du travail) ; quand il n'admet des priviléges qu'autant qu'ils sont considérés comme moyens indispensables d'assurer l'avenir et la prospérité de la propriété particulière, et aussi de la colonisation générale.

De la propriété.

Quelle propriété concède-t-il ?

La propriété foncière et individuelle, celle qui donne le droit le plus étendu ; celle qui existe dans la législation française, qui est née du droit romain ; celle qui est encore la mieux assise dans les variétés consacrées par le droit de propriété.

La propriété individuelle est la base de l'ordre social. L'homme tend sans cesse à y arriver, à la conserver ou à l'augmenter.

Sans propriété pas de véritable indépendance. Il n'est que prolétaire, pour nous, celui qui vit en ce siècle sur une propriété commune, quel que soit le nom dont on se plaise à décorer la pluralité des droits de la possession sur la chose. C'est le droit du moine dans la communauté, de l'esclave sur le champ qui lui est assigné pour en tirer sa nourriture.

Constituons surtout dans les colonies la propriété, car c'est dans les colonies qu'il faut établir ses bases plus solidement que jamais. Quel meilleur moyen chercherait-on pour y arriver que d'y appeler le plus grand nombre possible d'élus. Quel moyen autre chercherait-on à la Réunion, quand de grandes distributions de terres y sont encore possibles.

On l'a employé ici avec toutes les garanties d'ordre et de moralité; on veut essayer de faire des travailleurs libres, des producteurs et des propriétaires de tous ces hommes déshérités à titres divers de l'ancienne société coloniale, ruinés, nécessiteux, prolétaires, affranchis, ilotes, etc.

Et c'est ce dont nous louons sincèrement la généreuse entreprise de l'Administration : car tout en utilisant les ressources de la Colonie et en lui en créant de nouvelles, le Pays n'aura plus rien à redouter de tant de gens, sans cela inoccupés et malveillants, et l'ordre et la paix auront acquis de nouveaux et de zélés défenseurs. (1)

La propriété est notre défense, notre garde ; à elle se rattachent toutes les idées de famille et de stabilité, d'ordre et de progrès. Héréditaire, elle est la légitime récompense des travaux du père, aussi bien que celle des enfants ; inviolable, elle est le soutien certain de la loi du travail ; accessible, ouverte à tous, c'est la liberté.

Nous ne voudrions pas discuter plus longtemps sur la propriété; mais nous ne pouvons nous empêcher de dire que, quelles que soient nos idées de perfectibilité sociale, nous pensons que l'arrêté a fait à cet égard tout ce qu'il y avait à faire pour le moment; qu'il ne faut lui demander que la perfectibilité possible avec les éléments dont il pouvait disposer. A nos petits-fils à faire ce qu'il ne nous était pas donné de toucher ; à eux à achever l'ouvrage commencé.

L'arrêté consacre cinq classes de concessions pour accepter les faits de la société tels qu'ils sont, ses mœurs, ses distinctions. Les prolétaires ont à eux la moitié des terres concédées.

L'égalité absolue est une chimère. Si elle existait jamais elle ramènerait la servitude, en détruisant au préable toutes les inégalités morales et toutes les inégalités physiques. Elle condamnerait l'homme à l'immobilité, lui dont toute l'aspiration est de tout voir, tout entendre, tout espérer ; enfin d'user et d'abuser de l'arbre de science et de vie.

Il consacre et respecte les droits acquis.

Nous disons que l'arrêté cherche à consacrer et à respecter les droits acquis ; mais nous n'entendons pas seulement parler ici des droits de la propriété privée, mais aussi de ceux de la propriété publique, de la propriété domaniale qui, elle aussi, est sacrée et inviolable à autant de titres. Il

---

(1) Textor. Etudes sur les deux Plaines.

précise, en effet, que les concessions seront faites, *sauf les droits des tiers*, et c'est sous cette réserve expresse, formelle, qu'il délimite les deux localités à concéder; c'est à dire qu'il indique positivement dans quelles limites il entend appeler à se produire tous les droits acquis, droits domaniaux ou droits particuliers.

En vain reprocherait-on à l'Administration cette manière de poser la question. C'est, selon nos convictions, la seule légale, la seule possible et la seule logique qu'elle avait à adopter.

C'était la seule légale; car elle s'appuie essentiellement sur les actes du 18 août 1728 et du 5 août 1839, les deux seuls qui régissent la matière.

Nous dirons aussi la seule possible, et nous maintenons le mot jusqu'à ce que l'on en trouve une meilleure.

Pour se convaincre, en effet, de la difficulté de poser autrement la question, il ne s'agit que de lire les séances du Conseil colonial des 10 et 11 juin 1836, à propos de la discussion du paragraphe 17 du projet de loi devenu le décret du 5 août 1839. Après une séance la plus complète et la plus animée, le Conseil n'arriva enfin qu'à cette même solution. Nous présenterons des extraits de cette séance dans le titre III; mais dès maintenant, nous croyons devoir relater ces paroles de M. de Greslan, rapporteur de la commission : « La difficulté, disait-il, n'est pas de reconnaître « l'inconvénient, mais d'y remédier. Messieurs, nous étions « cinq au sein de la commission et nous avons résolu de « nous en remettre à vous, qui êtes au nombre de vingt au « moins, et qui êtes plus éclairés que nous. Nous avons « espéré que cet appel serait entendu de vous et que vous « viendriez à notre secours, etc. »

Non seulement le Conseil ne répondit pas à l'appel du spirituel et savant jurisconsulte, mais il rejeta tout ce qui lui fut présenté, et l'article du projet et les amendements.

La question était importante. La Colonie demandait une solution et le rejet de cet article ruinait toute l'économie du projet; le décret n'existait plus.

A la séance suivante, M. de Greslan, d'accord avec M. Lemarchand et avec Messieurs les Commissaires du Gouvernement (M. Barbaroux, procureur-général, et M. E. Manès, directeur de l'intérieur par intérim), proposa un article supplémentaire pour remplacer l'article 17 rejeté. Après une nouvelle et longue discussion, sa proposition fut adoptée. L'article est ainsi conçu : c'est l'article 16 du décret.

« Art. 16. La limite des terrains de la seconde catégorie « aura pour point de départ la ligne des pas géométriques

« et sera déterminée, du côté des montagnes, par les soins
« de l'Administration, *sous la réserve expresse des droits*
« *acquis et des titres de propriété privée.* » (1)

Nous dirons maintenant que l'arrêté rentre essentiellement dans l'esprit qui présida au vote de cet article. En effet, M. Vinson disait à ce sujet : « Quand l'Administration
« viendra tracer la limite supérieure des terrains de la se-
« conde catégorie, le propriétaire d'un bois que traversera
« cette ligne exhibera ses titres de propriété, représentera
« ses droits acquis, et vous ne multiplierez pas les procès ;
« vous les terminerez au contraire, vous réglerez définiti-
« vement ce qui, jusqu'à présent, n'a eu aucune règle. L'ar-
« rêt de règlement (2) existe toujours dans la législation ;
« on y aura recours toutes les fois que les droits acquis ne
« devront pas être pris en considération. »

N'est-ce pas là précisément la position qu'a prise l'arrêté
du 4 novembre. Il faut donc, ainsi que le dit le *Moniteur
de la Réunion* du 6 décembre 1851, « que les titres se produisent, se vérifient, se discutent ; il faut que la contestation soit vidée soit par une transaction amiable , s'il y a
lieu, soit par une décision émanée du tribunal compétent. »

Je reviendrai tout-à-l'heure sur ces expressions de transaction et de tribunal, objections, entre autres, qui m'ont
été posées, et je vais démontrer ce que j'ai avancé, que l'Administration n'avait pas d'autre manière logique de poser
la question pour sauvegarder tous les droits acquis. Le domaine reconnaît qu'il y a eu des concessions données ; il
ne discute pas le fait , ni même les bases des terres concédées , mais ce qu'il discute ce sont les limites supérieures
où elles atteignent. Il ne comprend pas, et il n'a jamais
compris les expressions *sommet des montagnes* ou *sommet de
la montagne* dans la trop large extension que veulent lui
donner les détenteurs des titres de concessions. Or, ne pas
enclaver les terrains en litige dans la localité que l'arrêté
appelle *plaine des Cafres*, c'était ôter au Domaine toute possibilité de venir réclamer ses droits , c'était en proclamer
la déchéance, et c'était reconnaître, en définitive, des droits
de propriété jusqu'où les concessionnaires prétendent les
faire monter.

Sous un autre point de vue qu'en résulte-t-il ? Si les
droits des tiers sont admis en tout ou en partie , les terres
sorties du litige , propriétés domaniales ou propriétés particulières , feront partie de la nouvelle commune , au lieu

---

(1) Décret colonial du 5 août 1839.

(2) Il s'agit ici de l'arrêt du 18 août 1728.

de continuer à être comprises dans la commune de Saint-Pierre. Avoir englobé ces terrains dans les limites de cette localité ne décide rien quant au fond de la question, et la laisse intacte. Il n'y a aucune relation entre ce fait géographique et celui de la propriété qui lui est totalement étranger. Il s'agit ici de limites naturelles, physiques, de bornes plus avantageuses aux deux communes que des lignes fictives tracées sur la savane par la Direction des ponts et chaussées.

Si l'arrêté, d'un autre côté, n'avait pas mis en litige tous les terrains compris dans ces limites, mais une portion seulement de leur surface, s'il en avait retiré les terrains inférieurs qui-pourront sans doute être déclarés plus tard propriétés particulières, soit par une transaction approuvée par les parties, soit par un jugement régulier du tribunal compétent, il eût préjugé la question, il eût porté réellement atteinte aux droits des tiers, domaines ou particuliers. Pourquoi se serait-il arrêté à tel point plutôt qu'à tel autre? Les terres domaniales commencent ici où s'arrêtent les propriétés particulières. Ni les domaines, ni les particuliers ne peuvent donc prétendre à la jouissance paisible de leurs lots qu'après avoir fait déterminer au préalable leur ligne de démarcation et de borne, selon la législation en vigueur.

Nous reviendrons sur cette question capitale avec tous les détails qu'elle comporte dans la discussion des articles qui y ont trait; mais, ne pouvons-nous pas dire, dès maintenant, que posée comme elle l'est aujourd'hui, elle réserve tous les droits de *part et d'autre* et ne préjuge rien; qu'elle les force seulement de *part et d'autre* à produire leurs titres. C'est sans doute fort désagréable pour les parties, mais il n'y avait nulle autre manière de résoudre autrement la difficulté; l'intérêt public, comme aussi, selon nous, l'intérêt des particuliers voulait que l'on vidât enfin cette grande contestation.

De la transaction.

Qu'entendons-nous maintenant par les expressions *transaction amiable* et *tribunal compétent*?

Le voici catégoriquement :

En 1849, nous avons eu l'honneur d'être consulté sur la composition de la commission du 10 mai, et nous fûmes assez heureux pour persuader à l'Administration que le meilleur choix des membres serait celui qui réunirait précisément les parties les plus intéressées à une solution de la question, les hommes qui connaissaient le mieux par leur

position les deux localités et les considérations qui s'y rattachent, et par conséquent ceux qui représentaient les droits
des tiers. Nous n'avons pas varié davantage sur cette partie
de la question que sur les autres ; nous la comprenons encore aujourd'hui , en 1852 , comme nous la comprenions à
cette époque , c'est-à-dire dans la plus loyale et la plus
large manière de l'envisager. Nous voudrions donc cette fois
une commission d'*experts jurés*, chargée de préparer une
solution aux difficultés à résoudre ; mais une solution positive , pratique , exécutable immédiatement ; une commission composée d'abord des représentants des droits des particuliers et choisis par eux , ensuite des conservateurs des
Domaines de Saint-Benoit et de Saint-Pierre. Les ingénieurs
coloniaux n'en feraient partie qu'à titre consultatif , afin
de leur conserver leur indépendance et leur liberté d'action.

Nous voudrions donc enfin une commission spéciale ayant
autorité et mission de faire ce que ni le Conseil colonial en
1836 , ni les commissions de janvier et de mai 1849 , ni
l'Administration elle-même en 1851 , n'ont fait ni ne devaient faire , sous peine d'abus de compétence et de pouvoir , et de voir leur solution attaquée et détruite par le
jugement du tribunal compétent.

Du tribunal compétent.

Le tribunal compétent dont il est question ici , celui auquel il appartient de juger dans cette affaire , est le tribunal du contentieux administratif et non pas un tribunal
ordinaire.

Il ne s'agit pas ici, en effet, du fait même de la propriété,
mais d'interprétation d'actes de concessions ; il s'agit de
conventions et de conditions passées avec le Gouvernement,
enfin de contestations de terrains qui sont encore ou qui
ont été des biens domaniaux. Or tout ceci est du ressort des
tribunaux administratifs non seulement pour le fond, mais
aussi pour les contestations dépendantes de l'action principale.

Il est inutile que je me préoccupe ici de ce qui a été dit
pour ou contre cette compétence des tribunaux administratifs , je m'écarterais trop de mon sujet. Cependant je
dois dire que le tribunal du contentieux administratif ne
juge pas dans sa propre cause , car ce conseil n'est pas l'Administration. L'Administration comparaît elle-même à la
barre de sa justice dans la personne d'un de ses membres ;
c'est plutôt au nom de la société que pour elle-même ; c'est
comme tutrice des intérêts généraux contre les intérêts par-

ticuliers. L'intérêt social a érigé ce tribunal ; c'est lui qui le maintient....

Et que l'on ne pense pas que cette institution soit seulement coloniale. Les tribunaux administratifs existent en France, et la doctrine que nous émettons ici est celle qui est consacrée par les faits, celle qui s'enseigne dans les facultés de Droit, celle qui régit enfin la Mère-Patrie. (1)

Nous croyons donc pouvoir dire, dès maintenant, mais nous le prouverons dans la suite de cet ouvrage, que l'arrêté a su concilier l'initiative de l'Administration avec le respect dû aux droits acquis. Il les oblige seulement à se produire *tous* ; il fait sortir la question de ce provisoire séculaire qui arrêtait sans cesse la colonisation, qui empêchait l'Administration de pouvoir répandre sur un plus grand nombre le bienfait de la propriété, et d'utiliser dans l'intérêt commun *des hommes actuellement oisifs, des terres incultes*.

Du travail agricole et de la production.

L'homme éprouve une répugnance instinctive, innée pour le travail. « Tu gagneras ton pain à la sueur de ton front », dit Dieu à l'homme dégénéré et coupable.

Tout travail est pénible à l'homme : travail domestique, industriel ou agricole. Cependant ce dernier lui est le plus antipathique ; c'est celui auquel il refuse le plus de se soumettre. La force seule l'y contraint : esclave d'un de ses semblables ou esclave de la faim, il lui faut le fouet d'un maître pour y persévérer.

---

(1) Art. 160. Le Conseil privé connaît comme conseil du contentieux administratif:

5° Des demandes en réunion de terrains au domaine, lorsque les concessionnaires ou leurs ayant-droit n'ont pas rempli les conditions;

9° Des empiètements sur la réserve des cinquante pas géométriques, et sur toute autre propriété publique;

13° En général, du contentieux administratif.

Art. 161. Les parties peuvent se pourvoir devant le Conseil d'Etat, par la voie du contentieux, contre les décisions rendues par le Conseil privé sur les matières énoncées dans l'article précédent. Ce recours n'a d'effet suspensif que dans les cas de conflit.

Art. 163. 1° Lorsque le Conseil privé se constitue en conseil du contentieux administratif ou en commission d'appel, il nomme et s'adjoint deux membres de l'ordre judiciaire. — 2° Les fonctions du ministère public y sont exercées par le Contrôleur colonial. — 3° Le mode de procéder est déterminé par un réglement particulier.

(*Ordonnance du 21 août 1825.*)

Et pourtant le travail agricole est celui qui doit être le plus encouragé dans une société bien réglée. N'est-ce pas lui qui, en définitive, nourrit le travail domestique et qui donne au travail industriel une portion des matières premières qu'il emploie.

Les grands législateurs l'ont senti, et pourtant, malgré leurs efforts, il est toujours le plus méprisé, le plus délaissé.

L'arrêté du 4 novembre encourage l'agriculture par les moyens les plus efficaces et les plus nouveaux. Il lui donne d'abord la propriété pour récompense. Le travail agricole est le prix, en effet, que l'Administration réclame au nom de la société coloniale pour les terrains concédés. Ce prix payé par l'accomplissement des obligations imposées, obligations d'exploitation, la propriété devient alors réelle et définitive.

La Réunion devrait comprendre mieux encore qu'elle ne le fait, qu'elle est un pays essentiellement agricole, point du tout industriel et très peu commerçant.

Sans doute, j'émets une appréciation bien rebattue et connue de tous ; mais si cela est vrai........

Où sont alors les sociétés spéciales qui propagent les découvertes agronomiques ?

Où sont ces institutions modèles où l'on va étudier et apprécier les meilleures méthodes agricoles ?

Où sont ces concours, ces expositions des produits les plus beaux ?

Où sont ces prix accordés à l'exploitation agricole, à la culture de la terre ?

Où sont enfin ces encouragements publics à la science la plus utile, comme aussi, malgré tous les progrès qu'elle a faits dans ces derniers temps, la plus négligée encore, la plus dédaignée des sciences humaines.

Nous ne voyons aucune institution semblable à la Réunion. L'agriculture s'isole de clocher en clocher et même d'habitation en habitation. L'individualité égoïste du siècle l'a subjuguée comme les autres choses, et le résultat social de ce fait est malheureusement la double perte à constater dans la production et dans le bien-être.

Telles sont les considérations sommaires qui se rattachent aux dispositions spéciales de l'arrêté pour encourager le travail agricole, et pour exciter à la production dans les nouvelles localités.

Telles sont les causes, entr'autres, qui ont dû décider la création de ces fermes-modèles et de ces encouragements aux branches de l'industrie agricole, qui doivent principalement être favorisées dans ces localités ; enfin de celle du comité d'agriculture, des concours annuels, etc.

Une société agricole avait été créée à Sainte-Suzanne en 1839 ; ses règlements sont évoqués et ils seront ceux qui régiront le comité d'agriculture. Seulement, il y est ajouté les moyens qui manquaient à cette société agricole pour exister longtemps et pour remplir la mission qu'elle s'était donnée : l'établissement et la surveillance des concours, la proposition des primes d'encouragement et la distribution des primes. L'expérience du passé a encore été mise à profit.

Considérants de l'arrêté.

Voici les considérants de l'arrêté du 4 novembre 1851 ; nous les présentons sans aucun commentaire :

« Considérant que l'accroissement de la population de l'Ile de la Réunion fait un devoir à l'Administration d'utiliser, dans l'intérêt général, toutes les ressources que le pays possède ;

« Considérant qu'il est urgent de garantir la Colonie, autant que possible, des éventualités de l'importation étrangère des denrées alimentaires ;

« Que, dès lors, il y a lieu de prendre des mesures nouvelles tendant à augmenter les produits de la Colonie en grains, fruits et racines alimentaires, et en animaux de boucherie ;

« Considérant que l'importance géographique et stratégique locale des deux plaines des Cafres et des Palmistes est telle qu'il importe au présent, tout autant qu'à l'avenir, que ces localités contiguës soient occupées ;

« Considérant que, par leur étendue et par les ressources diverses qu'elles présentent, il pourra y être établi, entre autres habitants, une partie de la population étrangère de fait aux cultures et aux exploitations du littoral de l'Ile, et pour laquelle l'urgence de créer de nouveaux moyens d'existence et d'assurer un meilleur avenir devient chaque jour une question plus pressante d'intérêt moral et d'ordre public ;

« Considérant, enfin, que dans ces deux localités des travaux divers ont été commencés, des expériences ont été faites, et des renseignements précis ont été recueillis, qui permettent d'y asseoir plus sûrement les fondements d'une nouvelle colonisation, etc. »

Compte-rendu du Moniteur de la Réunion.

Nous nous arrêtons ici dans cette analyse d'ensemble, nous réservant de développer dans les chapitres suivants les

idées et les principes que nous venons d'émettre , et ceux
que nous avons omis. D'ailleurs nous avons hâte de présenter cette question jugée par le *Moniteur de la Réunion* dans
son compte-rendu des 15 et 29 novembre 1851 ; car nous nous
sommes abstenu d'analyser au même point de vue que le
sien, de peur de paraphraser fort mal ce qu'il avait si bien
exprimé. Nous avons hâte, enfin, de présenter son analyse aussi sévère que logique, son exposé substantiel et bril-
lant, qui mettent si hautement en relief les bienveillantes
intentions de l'Administration, l'esprit et l'ensemble de son
œuvre.

V.

*Extraits du Moniteur de la Réunion sur le compte-rendu
de l'arrêté du 4 novembre 1851.*

Dans nos numéros du 8 et du 15 mars 1851 , en rendant
un hommage mérité aux consciencieuses études de M. le
capitaine Textor de Ravisi sur l'exploitation de deux grands
plateaux qui couronnent les localités de Saint-Benoit et de
Saint-Pierre, nous avons sommairement exposé l'historique
de ce vaste projet de colonisation , les vicissitudes et les
ajournements qu'il avait subis de temps immémorial, les
travaux préliminaires ordonnés par M. Graeb, continués
par M. le commissaire-général Sarda-Garriga et repris plus
activement encore par M. le gouverneur Doret, et l'empressement digne d'éloges avec lequel le Chef de l'administration locale poursuivait alors, auprès du Pouvoir métropolitain, la réalisation de l'œuvre importante que lui avaient
léguée ses prédécesseurs.

Les vives et honorables sollicitations de notre Gouvernement actuel ont été couronnées de succès : il a été permis à
M. Doret de donner enfin à ce problème tant de fois agité
une solution législative, et nous sommes heureux de publier
aujourd'hui l'arrêté qui met en concession la plaine des Palmistes et la plaine des Cafres.

Ce volumineux arrêté, véritable code de colonisation, qui
révèle un examen sérieux et une connaissance approfondie
de la matière, nous paraît être le résultat des travaux de la
commission spéciale du 10 mai 1849, laquelle se compo-
sait de MM. Hubert Delisle, président, Patu de Rosemont,
Gabriel de Kvéguen, Paul Reilhac et Textor de Ravisi. On
y trouve souvent l'application des doctrines que M. Patu
de Rosemont exposait, dès 1837, dans ses nombreux rapports
au Conseil colonial, et des idées que M. le capitaine Textor

a émises plus tard dans le remarquable mémoire que nous avons analysé.

La tâche de recueillir, de combiner ces utiles matériaux, et l'honneur de l'initiative dans la présentation de la grande mesure qui nous occupe, devaient naturellement apparte- nir à M. Edouard Manès. Cet administrateur n'a fait que suivre ses propres traditions et compléter son œuvre, lui qui, à l'époque déjà lointaine où il remplissait l'intérim des hautes fonctions dont il est maintenant le titulaire, fut l'auteur du décret rendu le 9 avril 1839 sur les ventes, alié- nations et concessions des biens domaniaux de la Colonie.

Trois obstacles principaux, et de nature différente, s'op- posaient à l'exécution du projet qui vient d'être converti en loi.

D'abord, il fallait obtenir ou plutôt arracher le consente- ment du ministère, et l'expérience démontre que ce n'était pas chose facile. On en jugera par un simple rapprochement de dates : l'idée première de la colonisation des plateaux intérieurs de l'Ile remonte jusqu'à l'année 1770, et person- ne n'ignore que tout dernièrement, il y a quelques mois à peine, en l'an de grâce 1851, le Gouvernement local était réduit à solliciter encore l'autorisation d'agir !

La seconde difficulté était purement topographique, et ne concernait que la plaine des Palmistes. Au milieu de l'épaisse forêt qui en occupe toute la surface, comment opé- rer le partage des terres, comment établir les lots de conces- sion ? Ce problème ne pouvait être résolu qu'au moyen des *balisages*, genre d'opération fort simple, mais qui, exécuté dans un bois immense, devenait un travail considérable. On sait, en effet, que les balisages sont des ouvertures rec- tilignes qui se pratiquent à travers une forêt à des distan- ces égales, qui divisent ainsi le terrain, l'éclairent dans ses profondeurs et permettent de lever un plan exact des lieux dont elles déterminent à la fois la configuration et l'éten- due. Voici de quelle façon ce système de mesurage fut ap- pliqué à la plaine des Palmistes. On commença par ouvrir, au centre du plateau et dans toute sa longueur, un premier balisage qui servit de point de départ. A droite et à gauche de cette ligne, on fit dans le même sens de nouvelles trouées entre lesquelles on laissa un intervalle de 2,000 mètres. Ces ouvertures parallèles furent ensuite coupées par une série de balisages perpendiculaires, qui se trouvent également à deux kilomètres les uns des autres, et le résultat de cette combinaison a été de partager la plaine entière en carrés égaux de 400 hectares de superficie. C'est dans ces grands rectangles que seront découpées les concessions, et l'on ar-

rivera sans peine, au moyen de balisages secondaires, à une
délimitation exacte des lots à distribuer. Chaque lot donnera au moins sur deux de ces ouvertures, et par conséquent les bornes des propriétés seront faciles à établir. Ce
n'est pas tout : il est vraisemblable que, dans les premiers
temps, les balisages seront à peu près les seules lignes de
communication et les seuls débouchés de la nouvelle colo-
lonie. L'Administration ne pouvait donc adopter un meilleur système que celui qui non seulement permettra de distribuer des terres perdues dans le chaos d'une forêt vierge,
mais qui doit aussi favoriser les débuts de l'exploitation et
jeter, dans l'intéressante commune qui va naître, les bases
de sa future viabilité.

Restait un troisième obstacle, une difficulté de droit, une
question de jurisprudence coloniale qui est encore à résoudre. Toutes les fois que le pouvoir local s'est occupé, même
en théorie, de la colonisation des vastes plateaux qui domi-
nent Saint-Pierre et Saint-Benoît, des oppositions ont surgi
aussitôt de la part de quelques habitants de ces deux localités. On comprendra que nous n'entendons pas juger ici
cette grave questin de propriété, qui est essentiellement
du ressort des tribunaux; nous tâcherons seulement d'éclairer le public, en lui mettant sous les yeux les pièces du
procès.

Tout le monde sait que, dans la plupart des anciens titres
de concession territoriale, on donne pour limite aux domaines concédés le *sommet de l'Ile* ou le *sommet des montagnes*. Cela veut-il dire que tous ces domaines s'étendent de
droit jusqu'au point culminant du Pays, jusqu'au piton des
Neiges? Ainsi le comprennent sans doute les personnes qui,
en vertu de ces contrats primitifs, se regardent comme pro-
priétaites d'une portion des grandes plaines de l'intérieur.
Pour que cette prétention eût quelque apparence de légiti-
mité, il serait indispensable au moins que le contrat dont
elle s'appuie fût antérieur au 18 avril 1728. A cette époque, en effet, une ordonnance du Conseil supérieur de l'île
Bourbon est venue expliquer les termes auxquels on attribue maintenant encore une si large signification, et voici
comment elle les explique : « Toute ravine dans les hauts
qui coulera ou ne sera pas cultivable dans son fond *sera réputée sommet des montagnes* aux terres qui, du bord de la
mer, monteront vers elle. Défense à tous particuliers d'outrepasser des ravines semblables, connues ou non connues
jusqu'à cette heure, à moins que le Conseil n'en ait eu pleine connaissance, et qu'il n'ait accordé des contrats de concession par augmentation.... »

Sous le rapport philologique, nous ne saurions nous empêcher de reconnaître qu'une définition en vertu de laquelle le sommet de l'Ile se trouve représenté par le fond d'un ravin est assez curieuse. Mais la singularité de la forme n'infirme certainement pas les prescriptions d'un acte législatif, et d'ailleurs, on avouera que l'administration de la Compagnie était parfaitement maîtresse de limiter et de définir à sa manière les dons territoriaux dont elle gratifiait les habitants de la Colonie.

Une autre raison non moins puissante s'élève contre les réclamations qui nous occupent en ce moment. Toute concession implique, pour l'individu qui l'obtient, l'obligation de la mettre à profit dans un temps déterminé; faute de quoi, le contrat est nul et le domaine retourne à l'Etat. Cette obligation a-t-elle été remplie par les anciens concessionnaires dont on revendique aujourd'hui l'héritage? En supposant qu'ils aient jamais eu le droit qu'on réclame en leur nom, ce droit n'est-il point périmé? Voilà ce qu'il importe de savoir. C'est à la justice qu'il appartient de décider une semblable question, et le Gouvernement local l'a compris, lorsque, dans l'arrêté que promulgue notre feuille de ce jour, il a expressément réservé *les droits des tiers.*

Il nous serait impossible d'analyser complétement aujourd'hui ce vaste travail législatif, et nous réservons, pour un prochain article, l'examen des principes qui lui ont servi de base et des articles les plus importants dont il se compose. (*Moniteur de la Réunion* du 15 novembre 1851.)

Dans un premier article, nous avons signalé les principaux obstacles que M. le gouverneur Doret avait eus à surmonter pour convertir en loi le vaste projet de colonisation intérieure qui a toujours été, depuis 1770, le rêve des administrations locales et le jouet des événements. Nous remplirons aujourd'hui la promesse que nous avons faite d'analyser le volumineux et important arrêté du 4 novembre courant, qui réglemente l'exploitation à venir de la plaine des Cafres et de la plaine des Palmistes.

Afin de procéder avec ordre, nous commencerons par établir les données fondamentales sur lesquelles repose le système de colonisation adopté par le législateur, et nous chercherons ensuite si les détails de son œuvre répondent à ces principes.

Sous le rapport de l'intérêt général, motif essentiel qui doit présider à toutes les grandes aliénations du domaine de l'Etat, on a voulu accroître les ressources alimentaires du Pays, et diminuer, autant que possible, le fardeau des

importations de vivres qui pèse si lourdement sur sa consommation. Pour obtenir ce résultat, il était indispensable
d'assigner à chacune des deux localités mises en concession
sa véritable destination agricole, celle qui devait répondre
le plus avantageusement aux travaux des concessionnaires
et aux nécessités de l'alimentation publique.

A un point de vue plus restreint, quoique non moins
sérieux, le but éminemment moral et utile de la colonisation des plateaux de l'intérieur était de venir en aide à la
classe nécessiteuse de notre population. Mais, comme la
plupart des individus de cette classe ne possèdent même pas
les ressources élémentaires que réclament les premiers besoins de l'exploitation, il ne suffisait point de leur offrir des
concessions de terrains : il fallait encore leur procurer les
moyens de devenir concessionnaires.

D'un autre côté, afin d'attirer dans la nouvelle colonie
des hommes qui fussent en état d'exercer une action puissante sur son développement et sur sa future prospérité, en
y apportant des capitaux ou tout au moins des avances, il
était nécessaire, et nous ajouterons qu'il était juste et conforme au principe de l'égalité, d'en ouvrir les portes aux
représentants de toutes les classes de la population locale.

Il importait cependant d'opposer une barrière aux envahissements de la spéculation, et d'empêcher qu'elle ne
s'emparât à vil prix des terres concédées. Il était permis,
en effet, de craindre que bien des concessionnaires indigents, ne se sentant pas l'activité et le courage qu'exi-
gent les pénibles et laborieux débuts d'un établissement
agricole, n'hésitassent point à échanger contre une somme
d'argent, si minime, si insignifiante qu'elle fût, les espérances
d'avenir que leur présenterait un domaine territorial. Dans
ce cas, le vœu le plus élevé et le plus sage du législateur
n'eût pas été rempli.

Pour assurer la marche sérieuse de la colonisation, il
fallait assujettir les membres de cette société naissante à
des obligations positives, combattre leur apathie par la
crainte de la déchéance et stimuler leur zèle par des primes
d'encouragement.

Il fallait aussi, en attendant que ces nouvelles localités
devinssent un centre de population et pussent trouver place dans l'organisation municipale du Pays, pourvoir provisoirement à leur administration, y garantir le maintien
de l'ordre, l'exécution des engagements pris par les concessionnaires, et veiller, en un mot, à ce que cette vaste
exploitation se développât dans des conditions régulières

et au profit , non seulement des individus, mais encore de la communauté.

Il suffit de lire les considérants et d'étudier l'économie de la législation qui nous occupe , pour se convaincre que telles sont les idées générales qui lui ont servi de point de départ. Il nous reste maintenant à voir l'application que ces idées reçoivent dans le dispositif de l'arrêté.

Aucun doute ne plane sur la meilleure destination agricole des deux plateaux qu'il s'agit de coloniser : le caractère du sol détermine de la façon la plus évidente leur emploi spécial. Il est notoire que la plaine des Palmistes est essentiellement propre à la culture des vivres , tandis que la plaine des Cafres, féconde seulement en fourrage , ne convient qu'à l'éducation des bestiaux. Dans l'intérêt de la consommation publique et dans l'intérêt personnel des concessionnaires eux-mêmes , qui auraient pu , en se livrant à des expérimentations téméraires, se préparer des mécomptes décourageants, le législateur a dû consacrer cette distinction établie par la nature des lieux. Aussi ne fait-il entrer , dans la colonisation de la plaine des Palmistes , l'élève des animaux qu'à titre secondaire et comme l'indispensable complément de toute bonne exploitation rurale. Les deux tiers des terrains de concession y sont exclusivement affectés aux céréales , aux fruits , aux racines alimentaires. Un seul lot de quatrième catégorie , pris dans chaque carré de 400 hectares , est réservé aux pâturages communs. Dans la plaine des Cafres , au contraire , les troupeaux sont maîtres de la majeure partie du terrain. En outre , pour obtenir une concession dans cette localité , il faut accepter l'obligation d'entretenir un certain nombre d'animaux , dont le minimum est fixé par l'article 38. On conçoit , en effet , que tout individu à qui il serait impossible de se procurer , dans le délai d'un an , *quatre truies et six chèvres* , irait bien inutilement tenter fortune sur la plaine des Cafres : il ne peut se créer des moyens d'existence que sur le plateau voisin, et c'est évidemment lui rendre service que de diriger son activité vers un genre d'exploitation plus approprié à ses ressources.

En adoptant , pour les troupeaux élevés par les concessionnaires du plateau des Cafres , le système de la *libre pâture,* l'Administration a consulté sans doute ce fait acquis à l'expérience, que le bétail des montagnes profite mieux quand il a devant lui de l'espace, quand il va chercher au loin l'herbe dont il se nourrit et l'eau qui le désaltère. Dans les endroits où le fourrage n'est ni assez abondant ni assez substantiel pour permettre d'engraisser les animaux à l'étable , la locomotion y supplée jusqu'à un certain point en développant chez eux la vigueur et la santé. Les avantages de cette méthode ont été reconnus en Suisse , et on la pratique même avec fruit dans certaines régions montagneuses de la France, tel que le département des Hautes-Alpes.

La tâche du législateur était beaucoup plus difficile , quand il a fallu régler les conditions du partage des terres. Il eût été, assurément, fort désirable que la colonie naissante devînt spécialement l'asile du prolétariat, et que tous les membres de la société créole que leur situation malheureuse , que leur existence précaire recommande le plus vivement à la sollicitude du Pouvoir local , fussent admis les premiers au bénéfice de la concession gratuite. C'eût été là le côté le plus intéressant de l'œuvre que notre Gouvernement actuel tient à l'honneur de réaliser. Il faut malheureusement le reconnaître , quoique ce système fût aussi logique que moral et généreux , il n'était guère possible de l'appliquer sans restriction. Les propriétaires fonciers ne s'improvisent point. Fonder un vaste établissement, une société agricole avec des hommes dépourvus de tout moyen d'exploitation , était un problème que l'Administration n'aurait pu résoudre qu'en subvenant aux frais de l'entreprise. Or, nous ne pensons pas qu'elle fût libre de consacrer , même à un pareil objet , des largesses aussi considérables. Loin de là, si nos renseignements sont exacts, les instructions du Pouvoir métropolitain lui prescrivaient dans cette question la plus rigoureuse économie , ou plutôt lui interdisaient formellement toute dépense extraordinaire.

Le Gouvernement local a senti , néanmoins , qu'il était indispensable de faire la part de l'indigence. Le secours de cent frans qu'il accorde , pour les premiers besoins de leur établissement, aux concessionnaires de quatrième et de cinquième catégorie (chapitre 14 , article 56) témoigne de sa haute sollicitude pour la classe nécessiteuse , et de l'honorable désir qu'il éprouve de concilier les intérêts du malheur avec la réserve qui lui est imposée et avec les exigences de la colonisation.

Nous l'avons dit, en effet, ce n'est point avec des hommes qui n'ont d'autres ressources que leurs bras, qui peuvent à peine arracher leur subsistance au terrain qu'ils cultivent, et que l'impossibilité de le faire valoir obligera bientôt peut-être à l'abandonner ; ce n'est point avec de semblables éléments qu'une colonisation sérieuse se fonde, se développe et contribue à la prospérité générale d'un pays. Là , plus que partout ailleurs, pour répandre la vie, pour donner l'élan, pour introduire de bonnes méthodes de culture , pour former un centre d'exploitation et en écouler les produits dans les localités voisines , il faut des capitaux , si modestes qu'il soient. C'est en vue de cet incontestable besoin que le législateur a établi cinq catégories de concessions d'une étendue proportionnée aux ressources des pétitionnaires (chapitre 4 , article 15). C'est probablement aussi dans le même but qu'il leur offre , moyennant certaines redevances en faveur de la communauté, le privilége d'obtenir le terrain qu'ils demandent sans subir l'épreuve du tirage (même chapitre , article 17).

Mais, pour éviter aussi l'excès contraire, pour que toutes les classes de la population locale soient véritablement représentées dans la nouvelle colonie agricole, pour qu'elle ne devienne pas immédiatement l'esclave du capital et la proie des spéculateurs , l'arrêté du 4 novembre intervient encore : il interdit la négociation des titres de concessions provisoires, il sauvegarde les détenteurs de ces titres contre l'appât d'une réalisation immédiate, qui ne serait pour eux qu'un secours insignifiant. Au contraire, avec l'obligation où ils se trouvent de garder provisoirement leur terrain et de le faire valoir eux-mêmes, il arrivera de deux choses l'une: ou, lorsqu'ils verront, au bout de quatre années, leur propriété en plein rapport et leur exploitation déjà florissante, ils s'attacheront à cette terre fécondée par leurs sueurs et qui promet un avenir à leur vieillesse ; ou bien , s'ils persistent à s'en défaire , au moins leur petit domaine aura-t-il acquis une valeur normale , et la vente leur assurera-t-elle des moyens d'existence sérieux.

Afin de parvenir à un semblable résultat, une double condition leur est imposée : il faut qu'ils exploitent leur terre , et qu'ils l'exploitent bien. De ces deux conditions, le législateur les force à remplir la première et les stimule à remplir la seconde. L'article 23 , qui prononce la déchéance de leurs droits , s'ils ne font pas acte de possession dans les trois mois de la remise du terrain , et s'ils n'en défrichent pas au moins la moitié pendant l'intervalle de la jouissance provisoire , est un préservatif contre l'apathie dans laquelle tombe trop souvent la pauvreté créole. L'article 57 , qui consacre une somme annuelle de mille francs à des primes d'encouragement pour les diverses branches d'exploitation rurale qui offrent les meilleures garanties de succès dans les deux plaines, est une séduction flatteuse et honorable , qui devra l'exciter au perfectionnement de sa culture ou de son industrie, et par suite rehausser la valeur de son établissement.

Il est certaines fautes qui, sans entraîner la déchéance du coupable, peuvent tourner au préjudice de la colonisation : telle serait, par exemple, la violation des dispositions importantes de l'arrêté du 4 novembre qui ont trait à la conservation des eaux et forêts. Le législateur devait nécessairement pourvoir à la répression des délits de cette nature ; car il avait tout lieu de redouter qu'au sein de la colonie naissante, dans ce pêle-mêle d'individus de toute condition et de toute provenance qui viendraient s'y confondre, la légalité ne reçût plus d'une atteinte. Il était donc indispensable de garantir l'exécution de l'arrêté du 4 novembre, ou, en d'autres termes, le développement régulier de la colonisation. Dans des lieux placés si loin des regards de l'Administration centrale, il fallait un agent qui fût le dépositaire de son autorité et comme l'incarnation vivante de la loi ; il fallait ensuite que cet agent eût à sa disposition des armes légales qui empêchassent sa surveillance de devenir illusoire. Le législateur a satisfait à ce double besoin, en instituant le *syndic de la colonisation* qui personnifie l'arrêté du 4 novembre, et en édictant, contre tout violateur de cet arrêté, des peines dont le maximum est sagement calculé de façon à ce que les délits imputés aux concessionnaires n'excèdent jamais la compétence des tribunaux de simple police.

La conservation des eaux et forêts, dont nous parlions tout à l'heure, était une mesure de haute nécessité, et l'Administration y a pourvu au moyen des réserves domaniales (titre 1, chapitre 3). Il est facile de concevoir que le déboisement des ravines, facilitant l'évaporation des eaux qui roulent dans leurs lits ou dorment dans leurs bassins, en diminuerait bientôt le volume, et que le défrichement des monticules qui hérissent la surface des deux plaines pourraient occasionner une dangereuse perturbation dans leur équilibre météorologique. Il importait donc, non seulement de protéger contre la hache des concessionnaires le bois qui couvre les éminences et les ravins, mais encore de replanter tous les endroits semblables qui auraient été dépouillés de leur ombrage, et l'Administration a pris elle-même l'engagement de faire exécuter ce travail (article 12, chapitre 3).

Nous avons parcouru le cercle que nous nous étions tracé. Nous avons pu nous convaincre, et nous espérons avoir convaincu nos lecteurs que l'arrêté local du 4 novembre 1851 révèle, dans son ensemble comme dans ses détails, une consciencieuse et profonde étude de la matière importante qu'il régit. (*Moniteur de la Réunion* du 29 novembre 1851)

TITRE II.

Commentaires sur l'arrêté du 4 novembre 1851.

§ 1er.

Dispositions communes aux deux plaines des Cafres et des Palmistes.

I.

Dispositions générales et limites des deux Plaines.

« **Art. 1er.** Les terres des deux plaines des Cafres et des
« Palmistes seront concédées gratuitement, et colonisées
« conformément aux dispositions du présent arrêté, sauf
« les droits des tiers. »

Dans la discussion de ce premier article, nous ferons un grand nombre de citations et nous nous effacerons autant que possible. Nous désirons donner à ces commentaires une valeur autre que celle des opinions personnelles que nous émettrions. Nous citerons donc les paroles d'hommes connus dans la Colonie, renommés pour leur connaissance des choses coloniales et de nos véritables intérêts, d'hommes enfin dans lesquels nous avons été habitué à mettre justement notre confiance.

Dès son premier article l'arrêté du 4 novembre 1851 soulève tout d'abord une grande question, question aussi délicate que difficile à traiter. Grande, en effet, parce que des intérêts considérables se rattachent à une solution donnée dans un sens plutôt que dans un autre ; délicate, parce qu'il s'agit d'intérêts privés et d'antiques prétentions en opposition directe avec les intérêts et les prétentions du Domaine colonial ; difficile, parce qu'il a été beaucoup dit et beaucoup écrit sur la matière par les parties intéressées, et que la plupart des personnes de la Colonie qui liront ces commentaires ont déjà une opinion formée.

Cette question est celle *des droits réservés des tiers* qui se traduit aussi sous cet autre énoncé : *Que doit-on entendre dans les titres de concessions anciennes par les expressions* SOMMET DES MONTAGNES *ou* SOMMET DE LA MONTAGNE ?

Et nous dirons encore que cette question est d'autant plus délicate et d'autant plus difficile à traiter qu'elle est déjà RÉSOLUE ET TRANCHÉE légalement et pratiquement ; qu'il semble qu'il n'en soit rien pourtant, et que chacun en ignore ; qu'il faille encore et toujours chercher une nouvelle solution.

C'est ce qui résulte, du moins, des opinions et des propositions émises sans cesse par plusieurs personnes, membres de commissions , habitants ou même agents de l'Administration. Chacun arrive à conclure diversement à la nécessité d'une législation nouvelle de la matière , sans vouloir chercher au moins à profiter de l'ancienne. Sous prétexte de législater l'avenir , ils veulent faire le procès au passé , et ils ne prennent pas garde qu'ils ne font que donner une satisfaction illusoire et nuisible aux intérêts engagés ; qu'ils ne sont, à leur insu sans doute , que les instruments des prétentions gênées par la législation en vigueur.

En effet, de quoi s'agit-il ici ? de régler l'alliance du présent avec le passé, et non pas du présent avec l'avenir. Domaine ou particuliers ne peuvent agir que d'après les droits des contracts anciens. Or, chercher une solution ailleurs que dans la législation existante c'est, en dernière analyse , quelle que soit l'apparence brillante de la proposition émise, errer en droit comme en logique.

L'arrêt de règlement est obscur , objecte-t-on , et son application soulève dans plusieurs localités des difficultés insurmontables. Comment fera-t-on pour régler les droits des tiers si ces difficultés se présentent dans les deux plaines des Cafres et des Palmistes ? Ne doit-on pas chercher à rendre un autre arrêt de règlement ? Le Conseil du contentieux administratif n'est pas déchu du droit d'interpréter.

À cela nous répondrons positivement , qu'un nouvel arrêt de règlement serait une superfluité législative , une lettre morte ; qu'il faut , dans le cas présent , comme dans tous ceux qui se présenteront dorénavant, faire une délimitation nouvelle et contradictoire avec les ayant-droit , d'après la nature des lieux , et sauf le recours aux tribunaux compétents faits par les tiers sur la production de leurs titres divers de propriété.

L'arrêt de 1728 fera toujours loi pour les concessions anciennes; une délimitation précise ne peut pas être indiquée au préalable , la nature de l'Ile s'y oppose.

Quelle solution prétendrait-on donner à la question en adoptant une nouvelle interprétation du sommet des montagnes ? Serait-ce , par exemple, celle-ci qui semble le plus en crédit :

La partie supérieure des concessions anciennes s'arrête au rideau des montagnes se projetant sur le ciel vu par un observateur placé au littoral.

Pense-t-on sérieusement que cette interprétation , entr'autres, vaille beaucoup mieux que celle de l'arrêt de 1728, et que la configuration physique de l'Ile n'y fasse pas rencontrer autant de difficultés d'application qu'on en reproche à l'autre.

Mais quand la solution serait parfaite , quel grand avantage en retirerait-on ? Une loi n'a pas d'effet rétroactif. Il est sans doute fort regrettable que les membres du Conseil supérieur n'aient pas eu l'heureuse pensée de consacrer cette interprétation, qu'ils connaissaient pourtant, et qu'ils aient pensé , au contraire , qu'elle porte , sans doute , un vague nuisible dans les propriétés particulières, et anéantit celles du Domaine, puisqu'il arrive trop tard au partage, et qu'il ne peut plus faire déguerpir les détenteurs de terrains cultivés puisqu'ils ont prescrit. (1)

Nous donnerons plus loin , au titre III , la remarquable dissertation de M. l'ingénieur colonial Schneider, rapporteur de la commission de janvier 1849, sur l'interprétation et sur l'application de l'arrêt de 1728. Nous regrettons que la longueur de la citation ne nous permette pas de la produire dans cette discussion d'ensemble.

Ce commentaire est destiné, en effet, à faire AUTORITÉ sur la matière par sa logique et par son habileté à présenter les faits. Il réconciliera , nous n'en doutons pas , bon nombre de légistes avec l'arrêt si mal à propos critiqué jusqu'ici, et dans la forme et dans le fond.

Nous donnerons également l'opinion opposée qui est soutenue par M. de Ferrières , et qui a demandé que son dire fût inséré au rapport de la commission.

« Je suis convaincu , disait M. R. de La Serve, au Conseil colonial , que si la topographie du pays était mieux connue, on verrait que l'arrêt de réglement est très judicieux. » (2)

M. Dejean de la Bâtie et M. Barbaroux , à propos de la discussion du projet de décret sur les concessions (celui du 5 août 1839), exposèrent de la manière suivante, dans la même séance, l'arrêt de réglement.

« L'arrêt de réglement du conseil supérieur, que l'on trouve obscur et inutile , sera toujours , quoiqu'on fasse, la règle des anciens titres de concessions. Le conseil supérieur était une institution mi-partie administrative, mi-partie judiciaire; ses arrêts faisaient loi pour le pays. Ce système est vicieux , qui suppose qu'un projet doit être démoli , parce qu'il ne prévoit pas tout ce qu'on croit qu'il devait prévoir.

« Les attributions du tribunal terrier ont été dévolues aux tribunaux ordinaires ; les contestations dont il connaissait auparavant sont aujourd'hui jugées par le tribunal de première instance, par la Cour royale ; il était donc inutile de formuler un article séparé pour cet objet.

(1) M. Schneider, rapporteur de la commission de janvier 1849.

(2) M. R. de La Serve. Conseil colonial , 10 juin 1836.

« N'oubliez pas que les titres anciens de concessions ne peuvent échapper à la puissance des lois anciennes, que vous ne pouvez disposer que pour l'avenir : si la législation existante ne suffit pas, complétons-la, mais ne confondons pas les spécialités. (1) »

« L'arrêt pose trois cas pour déterminer la ligne qui doit servir de limite aux concessions.

« Toute ravine, dit cet acte, dans les hauts, qui coulera, « ou qui ne sera pas cultivable dans son fond, sera censée et « réputée sommet des montagnes aux terres qui, du bord de « la mer, monteront vers elles ; défend à tous particuliers « d'outrepasser des ravines semblables. »

« Voilà le premier cas où la concession doit s'arrêter.

« Dans les contrats où les bornes des côtés sont statuées « être des lignes droites qui se poursuivent jusqu'au sommet « de la montagne, ladite ligne venant à frapper sur une ra- « vine, tel qu'il est dit ci-dessus, ne pourra l'outrepasser ; et « le terrain cotoyera alors ladite ravine et servira de règle « aux concessions qui lui sont contiguës. »

« Voilà le second cas qui est encore clair.

« N'entendons aucunement comprendre en cette règle, « les ravines qui se trouveraient entièrement enclavées dans « un terrain borné de deux ravines qui se poursuivent jus- « que dans les hauts ; à moins que quelques unes de ces ravi- « nes ne se jetassent dans celles qui servent de bornes aux- « dits terrains. »

« Voilà le troisième cas, celui où une ravine est enclavée dans une propriété.

« En supposant que l'arrêt de règlement n'ait pas toute la clarté désirable, et que ce terme *sommet des montagnes*, soit sujet à interprétation, vous ne pouvez lutter contre un fait qui date de plus de cent ans. » (2)

Quelques difficultés que soulève l'application de l'arrêté de 1728, il a force de chose jugée, tandis que les autres interprétations *meilleures* ne sont que des appréciations en droit. LE DÉCRET DU CONSEIL SUPÉRIEUR DOIT ÊTRE MAINTENU ET RESPECTÉ, COMME ÉMANANT D'UN POUVOIR SOUVERAIN QUI EXPLIQUAIT DE QUELLE MANIÈRE IL AVAIT ENTENDU LIMITER LES TERRAINS QU'IL DONNAIT.

Sous la réserve des droits des tiers, n'est pas une de ces expressions banales et sans portée qu'on peut enlever ou ajouter à volonté dans un arrêté. C'est une expression qui possède par elle-même une haute portée, un sens complet : ôtez-la, l'arrêté n'existe plus.

---

(1) Barbaroux, procureur-général. Conseil colonial, 8 juin 1836.
(2) Dejean de la Bâtie. Conseil colonial, 10 juin 1836.

C'est ainsi que l'ont pensé MM. de Greslan, Lemarchand, Dejean de la Bâtie, de Saint-George et autres conseillers coloniaux, et MM. Barbaroux et E. Manès, dans la discussion au Conseil colonial du projet de décret sur les concessions, devenu le décret du 5 août 1839, comme aussi dans celle du projet de décret relatif à la concession définitive des terres de Salazie.

M. de Greslan s'exprime ainsi dans la discussion du décret du 5 août 1839 :

« L'article de la commission, *sauf la réserve des droits des tiers*, exige une délimitation nouvelle et contradictoire avec tous les ayant-droit, sauf le recours aux tribunaux compétents si l'Administration et les propriétaires ne sont pas d'accord. Je crois qu'il y a là tout ce qui peut réserver et maintenir les droits acquis, soit par titres, soit par prescription, et véritablement je ne saurais concevoir sur quels motifs on pourrait soutenir que ces droits sont en péril. » (1)

Voilà pour ce qui regarde les droits acquis, droits domaniaux ou droits particuliers.

L'année précédente M. de Greslan avait dit, au sujet de la concession des terres de Salazie :

« En supprimant ces mots sacramentels *sauf le droit des tiers*, vous attaquez l'essence du décret. Cette formule, ou plutôt cette disposition importante, a pour objet de réserver justement les droits de propriété dont et avec raison on se préoccupait tant tout à l'heure.

« Pourquoi cette réserve, a-t-on dit, puisque ces droits restent saufs, jusqu'à ce qu'ils soient frappés de la prescription ordinaire? Ils n'ont pas besoin d'être avertis.

« Cela est vrai, mais le concessionnaire, lui, doit être prévenu que le Gouvernement n'entend pas le garantir contre l'exercice ultérieur de droits ou de prétentions qu'il ne connaît pas. Par là le donateur se soustrait par anticipation aux effets d'une demande en dommages-intérêts qu'on pourrait, en suivant le droit commun, diriger contre lui si, disposant de ce qui appartient à autrui, il avait induit le donataire dépossédé dans des dépenses de mise en possession de culture ou d'établissement. » (2)

M. Barbaroux compléta dans la même séance cette appréciation de M. de Greslan par les développements suivants:

« Le Conseil colonial et le Gouvernement qui opèrent

---

(1) M. de Greslan. Conseil colonial, 11 juin 1836.
(2) M. de Greslan. Conseil colonial, 19 juin 1835.

ensemble , dans cette circonstance , concèdent définitivement quant à eux ; mais ils ne peuvent absorber les droits
quelconques des tiers et il doit en être fait réserve. Un dé-
crèt général sur les concessions ne fera pas qu'on puisse concéder définitivement , sans faire la même réserve : si un
titre antérieur vient à se faire connaître , on doit pouvoir
le faire valoir. Ceci n'infirmerait pas l'acte législatif. Aucune propriété domaniale ne peut être aliénée que par un
acte de cette nature ; mais comme les actes qui ont cette
source sont souverains , si un titre ignoré se découvrait un
jour , ce titre se trouverait annulé par l'acte législatif , et
la partie n'aurait plus d'autre recours que celui de la pétition au Conseil colonial , pour se faire indemniser. Afin
d'éviter cet inconvénient et comme on ne veut concéder aux
demandeurs qu'à leurs risques et périls , en cas de découverte possible d'un pareil titre , on stipule la réserve des
droits des tiers ; et s'il y en a , l'acte législatif sera d'autant
moins infirmé que leur action judiciaire sera consacrée par
une disposition expresse de cet acte (1). »

Il est encore un point de vue sous lequel il est utile d'envisager la double question des *tiers* et des *sommets* , celui
de mettre en parallèle quelques opinions émises à ce sujet
par des légistes , des administrateurs ou des habitants connus. Nous ajouterons de la sorte de nouvelles preuves à
tout ce que nous avons énoncé , et nous montrerons aussi
combien peu les prétentions des droits des tiers ont été admises par quiconque a sérieusement étudié la question.
L'avis le plus favorable qu'on puisse invoquer en leur faveur
n'est autre que celui d'une transaction amiable.

Nous ne citerons pas les opinions des divers directeurs des
domaines qui se sont succédé dans la Colonie ; elles peuvent
différer pour la forme , mais il est facile d'en deviner le
sens et l'esprit.

M. Thomas , ordonnateur , s'est formellement prononcé,
dans son *Essai de statistique* , contre les opposants dans les
deux Plaines et en faveur du Domaine.

M. Delabarre de Nanteuil est arrivé aux mêmes conclusions dans la *Législation de l'île Bourbon.*

La commission du Conseil colonial de novembre 1840 a
proposé une transaction , un mezzo termine , entre les opposants et le Domaine.

La commission spéciale de janvier 1849 , composée d'ingénieurs et de jurisconsultes , s'est formellement prononcée
contre les opposants et en faveur du Domaine , mais prin-

---

(1) Barbaroux, procureur-général. Conseil colonial, 19 juin 1835.

eipalement contre les prétentions des héritiers des concessions Le Tort (1).

La commission de mai 1849 a proposé au Gouvernement
de concéder les terrains en litige à ceux des détenteurs
d'actes d'opposition qui lui paraîtront admissibles et fondés;
de faire de ces terrains contestés une catégorie de concessions distinctes; mais qui seraient soumises pour le reste à
toutes les prescriptions de l'arrêté de colonisation (2).

Y a-t-il un domaine à l'île de la Réunion ? Qu'est-ce que
le domaine colonial ?

Au premier abord cette double question peut paraître inutile et même oiseuse. Il n'en est rien malheureusement.
Sur ce sujet encore tant d'opinions diverses ont été émises,
qui mettent tous les droits en question, qu'il nous faut la
présenter sérieusement dans ces commentaires, et ne pas
tomber nous-même dans ces erreurs en logique et en droit
que nous reprochions tout à l'heure à plusieurs qui avaient
aussi traité la matière.

M. Testart disait au Conseil colonial, à propos d'un projet présenté par M. Patu de Rosemont, destiné à législater
les eaux et forêts, la chasse et la pêche :

« Je viens d'entendre parler de propriétés domaniales
dans le Pays. Je suis obligé de m'élever contre une pareille
prétention. Mais il n'y a point de propriété domaniale à
Bourbon : toute l'Ile a été concédée, et il n'y a plus de concessions à faire. Des pas géométriques ! Il n'y en a pas.......
L'Ile avait été concédée et divisée du bord de la mer au
sommet des montagnes ; où pourraient être les réserves domaniales ? Nulle part ! et il ne peut y en avoir sans qu'il y
ait préjudice pour la propriété. » (3)

L'année suivante, le même conseiller, président du Conseil colonial, à propos du vote du décret sur les concessions
(celui du 5 août 1839), cédant tout-à-coup le fauteuil de
la présidence au vice-président, s'exprima en ces termes :

« Je sens le besoin de faire connaître au public toute ma
pensée sur la loi que vous venez de voter sur les concessions, et que je ne puis appeler qu'une loi agraire. Vous
avez dépouillé le propriétaire pour enrichir celui qui ne
l'est pas ; vous avez compromis la base la plus solide de la
société. Il n'y a point de société sans propriété : aussitôt

---

(1) Commission chargée de d'éterminer les terres appartenant au
Domaine dans toute l'étendue de l'île de la Réunion.

(2) Textor. Etudes sur les deux Plaines, page 21.

(3) M. Testart. Conseil colonial, 8 uin 1835.

que celle-ci est mise en question , la société se dissout. Tel est le vice de votre décret !..... Je déclare que je proteste de la manière la plus formelle contre votre décret et que je vais le repousser par une boule noire ! » (1)

La question que nous avons entrepris de traiter présente donc bien réellement ces difficultés d'appréciation que nous y signalions : elle a donc bien aussi cette haute portée locale que nous y voyons , puisqu'à propos de l'acte législatif sur lequel s'appuie l'arrêté du 4 novembre 1851 , un président du Conseil colonial s'est cru obligé de quitter le fauteuil de la présidence pour venir protester publiquement par un vote négatif, sans crainte de violer l'observation des lois parlementaires.

La question des droits du domaine devait donc être posée.

Voici maintenant sa solution :

« Nul doute qu'il reste à Bourbon des terres à défricher, des terrains à concéder , dit M. Thomas, ordonnateur , en concluant sur cette question qu'il s'était aussi proposée. (2)»

« En définitive, ajoute à cette opinion M. Delabarre de Nanteuil, comme il existe fort peu de concessions qui aient été cultivées jusqu'au sommet des montagnes , la question jugée par le conseil supérieur, en 1728 , ne devra être soulevée que très rarement. (3) »

« Si le Gouvernement voulait faire valoir ses droits, il serait beaucoup plus riche qu'il ne l'est en effet, disait enfin M. de Greslan au Conseil colonial , à propos des droits du Domaine dans la discussion du projet relatif à la concession des terres de Salazie. (4) »

Quels sont les titres du Domaine ?

M. Barbaroux les expose de la sorte :

« La propriété a préoccupé et on s'est demandé si le Gouvernement pourrait produire des titres. Le Domaine n'en a pas et il n'en a pas besoin ; les terres, quelles qu'elles soient, qui n'appartiennent à personne, appartiennent au Domaine; et c'est à ceux qui prétendent y avoir des droits à justifier de leur propriété. Voilà le droit commun. » (5)

---

(1) M. Testart. Conseil colonial, 11 juin 1836.

(2) Thomas. Essai de statistique de l'île Bourbon, page 268 , 2ᵉ vol.

(3) Delabarre de Nanteuil. Législation de l'île Bourbon , page 336 , 1 vol.

(4) De Greslan. Conseil colonial , 18 juin 1835.

(5) M. Barbaroux, procureur-général. Discussion sur la concession des terres de Salazie. Conseil colonial , 19 juin 1835.

Le Domaine colonial se compose donc de tous les terrains de l'île de la Réunion qui n'ont pas été concédés, et de ceux qui ont fait retour par un motif quelconque. Partout où une propriété ne surgit pas avec des titres réguliers pour la totalité de la surface qu'elle revendique le Domaine est propriétaire.

Le Domaine colonial, jadis fort pauvre, s'est augmenté depuis 1826 de presque toutes les propriétés qui appartenaient avant à la Couronne ou à l'Etat.

Dans le chapitre 1er du titre III nous donnerons, dans les commentaires sur les droits des tiers, les nombreux détails qui ne peuvent trouver place dans cette discussion d'ensemble. Nous démontrerons que tous les titres qui peuvent être évoqués pour appuyer les prétentions des opposants, titres de concessions anciennes, propriétés résultant de l'exécution des charges, prescriptions qui vaudraient titres, actes qui vaudraient prises de possession, mesurages, partages ou ventes, etc., tout cela est parfaitement discutable; que ce sont des présomptions de propriété et non pas des titres de propriété; que l'intérêt public enfin oblige le Domaine à invoquer aussi ses droits méconnus, à les faire valoir; et qu'un jugement du tribunal compétent ou une transaction peuvent seuls aujourd'hui trancher la question.

En résumé :

Les droits du Domaine ont sans cesse été entravés par l'extension exorbitante que les possesseurs des anciens titres de concessions ont voulu donner à l'expression *sommet de la montagne* ou *sommet des montagnes*. Chaque fois que la question a été soulevée, avant 1728 comme depuis cette époque, elle a provoqué des opinions divergentes et passionnées, expressions plus ou moins avouées de l'intérêt des partis.

Il faut s'en tenir à l'application des deux actes de 1728 et de 1839, les seuls qui régissent la matière : celui-là sauvegarde les droits du Domaine, et celui-ci les droits des tiers, QUELS QU'ILS SOIENT.

Le décret colonial du 5 août 1839 concernant les ventes, aliénations et concessions des biens domaniaux, autorise les concessions gratuites des terrains susceptibles par leur étendue de former une commune ou une section de commune. La situation générale de la Colonie prescrivait donc de classer les terres des deux plaines dans la troisième catégorie des biens domaniaux. (Décret colonial du 5 août 1839, titre II, section III, article 20.)

« Art. 2. — Sous le bénéfice des droits des tiers ainsi

réservés, ces deux localités sont comprises dans les limites et abornements suivants:

« 1° La plaine des Cafres est bornée : au nord, par une ligne tirée du piton des Herbes-Blanches à celui des Feux-à-Mauzac, la partie supérieure du rempart de la Grande-Montée et celui de la rivière des Marsouins ; à l'ouest par le piton est de la rivière des Marsouins, le Coteau-Maigre et le rempart du bras de la Plaine ; au sud, par une ligne de pitons dont fait partie le piton Hyacinthe, et par le cours inférieur du bras de Ponteau, jusqu'à son confluent dans le grand bras de la Plaine ; à l'est par l'encaissement de la rivière du Rempart, entre le piton du Nez-de-Bœuf et celui des Herbes-Blanches.

« 2° La plaine des Palmistes est bornée : au nord-est, par une ligne formant le sommet des propriétés les plus élevées du littoral, dont font partie les accidents de terrains, pitons et montées, dits Le Tort ; à l'est, à l'ouest et au sud, par une chaîne continue de remparts, dont font partie le morne de Saint-François, ceux de la Grande-Montée, de la Plaine et du Grand-Etang. »

Nous l'avons déjà dit, les contestations qui existent depuis longtemps entre le Domaine et les particuliers pour la concession complète de ces deux localités exigeaient que les droits des tiers fussent réservés. L'arrêté ne prescrit pour la notification des titres au directeur des domaines aucun délai : il laisse les choses sous la législation du droit commun.

Telle n'est pas la manière habituelle d'agir dans la Colonie : des délais légaux sont imposés. Les procès-verbaux de toutes les commissions qui se sont occupées de cette question relatent que des époques ont toujours été proposées pour produire les titres, sous peine de déchéance, pour les droits ou prétentions.

Il semble, en effet, naturel de penser que dans une question pendante depuis 1770, renouvelée à différentes époques, et pour ne citer encore que les derniers temps de 1840 à 1851, les détenteurs des titres, quelle que soit leur position, ont eu tout le loisir de les mettre en règle, et de pouvoir être aptes à les produire dans un délai quelconque.

L'arrêté du 10 novembre 1821, entr'autres citations à faire, n'a donné qu'un délai de quinzaine, à partir de la promulgation de l'arrêté, aux propriétaires situés au Butor, et sur cette partie des pas géométriques, pour produire leurs titres de propriété. La commission du 10 mai 1849 proposait un délai de six mois, et celle de janvier 1849 un délai de trois mois pour la production des titres des concessionnaires antérieurs dans les deux plaines des Cafres et des Palmistes.

Par suite des mouvements et des accidents du terrain, la désignation des limites de ces deux plaines ne présentait de difficultés que du côté des habitations du littoral : les deux mamelons du piton des Neiges et du Volcan et leurs contreforts, les protégeaient trop complètement, en effet, des deux autres côtés de toutes les atteintes de présomption de propriétés particulières.

Du côté de Saint-Benoit et du côté de Saint-Pierre les contestations s'élèvent, au contraire, de toutes parts, appuyées soit sur des titres de concessions, soit sur des ventes anciennes, soit sur la configuration du terrain. (1)

La commission spéciale de janvier 1849, chargée, comme nous l'avons dit, de déterminer les terres appartenant au domaine, a limité de la sorte les deux plaines du côté des communes de Saint-Benoit et de Saint-Pierre.

Plaine des Palmistes. Au nord, par une ligne formant le sommet des propriétés de la commune de Saint-Benoit, etc.

Plaine des Cafres. Au sud, par le sommet des propriétés de la commune de Saint-Pierre.

Nous en sommes fâché pour les membres de cette commission, mais nous ne pouvons ne pas dire ici que leur solution n'en est pas une ; que c'est précisément l'énoncé de la question elle-même. Le Domaine sait parfaitement, en effet, que ses droits commencent où finissent ceux des particuliers. — Mais ce point, cette ligne de séparation, voilà ce qu'il demandait. — C'est justement ce que la commission ne lui a pas dit. C'était pourtant là le but capital de la convocation.

La commission du 10 mai 1849 a été plus explicite, et sa solution est un peu plus complète. Elle a borné les deux plaines du côté des communes de Saint-Pierre et de Saint-Benoît de la manière suivante :

Plaine des Cafres. Au sud par une ligne partant du piton Bleu et se dirigeant aux sources du bras de Ponteau.

Plaine des Palmistes. Au nord, une ligne formant le sommet des propriétés les plus élevées de cette partie de la commune de Saint-Benoit.

Nous avons exposé dans notre introduction la manière dont nous comprenions les principes de la responsabilité, aussi nous analyserons cette solution de la commission tout comme si nous n'en avions pas fait partie, et comme si, dans le cas présent, nous n'avions pas été de la minorité.

---

(1) Textor. Etudes sur les deux plaines, pages 23 et 24, 64 et 65.

La commission prescrit un abornement du côté de Saint-Pierre, et elle n'en indique pas du côté de Saint-Benoit. Elle admet une très grande portion des prétentions des opposants du côté de Saint-Pierre, et elle ne les reconnaît pas du côté de Saint-Benoit. (Il ne s'agit pas ici du mezzo termine qui n'est, après tout, que la dénégation de droits réels.)

La question était-elle donc plus compliquée, plus embarrassante à résoudre d'un côté que de l'autre? Dire que les limites, au nord, de la plaine des Palmistes seront *les accidents de terrain, pitons et montées dits Le Tort,* était-il plus difficile que de statuer : *les limites, au sud, de la plaine des Cafres seront une ligne partant du piton Bleu et se dirigeant aux sources du bras de Ponteau?* C'est-à-dire, en d'autres termes, une limite fictive qu'il faudra jalonner sur la savane par un travail de nivellement topographique, qui peut seul l'indiquer ; par cette ligne, difficile à saisir, du partage des eaux entre les deux versants de Saint-Benoit et de Saint-Pierre.

Les titres des héritiers des concessions Le Tort sont-ils donc moins bons, ou moins complets que ceux des héritiers de Mahavel, du bras de Ponteau et autres lieux ? M. H. Delisle a-t-il moins produit ses titres, et ceux des autres ayant-droit, que ne l'a fait M. Cabeu, ou plutôt M. Gabriel Le Coat de Kvéguen.

Poser ces questions en parallèle c'est vouloir les condamner ! Oui, sans doute ; mais comment faire autrement ? La balance a-t-elle été tenue égale ; la question n'a-t-elle pas été préjugée aux dépens des parties?

La conséquence naturelle et voulue d'un pareil état de choses est le mécontentement justifié de tous les intéressés.

Le domaine n'a pas eu la solution qu'il attendait, et il voit la question se compliquer au contraire.

Les opposants du côté de Saint-Pierre, qui veulent monter jusqu'au piton Bleu, peuvent demander à la commission de quel droit elle est venue déprécier leurs titres de propriété, et vouloir les limiter à sa ligne fictive.

Les opposants du côté de Saint-Benoit, enfin, et avec plus de raison de mécontentement, peuvent lui exprimer leur étonnement qu'en présence de la solution donnée aux prétentions du versant de Saint-Pierre, elle n'ait pas été plus favorable à leurs titres. L'arrêté du 4 novembre a su éviter ces doubles erreurs, en droit et en équité.

De part et d'autre des limites communales étaient à déterminer?.... Il les pose sur des accidents naturels du terrain ; — c'est une question de géographie physique résolue, définitivement.

De part et d'autre des contestations territoriales exis-taient ?... Il concède et colonise sous la réserve expresse des droits antérieurs. — C'est à ces droits à se produire, selon les formalités voulues par la loi.

De part et d'autre des propriétés particulières prétendent dépasser les limites communales assignées aux deux loca-lités, et veulent s'introduire dans les territoires déclarés biens domaniaux, ici sur la rive droite de la ravine Sèche, et là sur la rive droite du bras de Ponteau ?... Il les appelle à produire leurs titres ; ne leur assigne d'autre délai que la prescription légale ; et, en attendant, ne con-cède que sous la réserve des droits des tiers. — C'est à ces droits à provoquer un jugement ou une transaction qui détermine dans les deux plaines les limites entre les con-cessions anciennes et les concessions nouvelles.

Enfin, de part et d'autre des habitants avaient fait des usurpations de biens domaniaux, sans prescription légale?.. Il les reconnait, régle leur position, car il ne veut que l'exploitation de la terre, et il les proclame les premiers concessionnaires. — C'est à ces habitants à remplir actuelle-ment les conditions, pour eux si faciles, pour devenir propriétaires. (Art. 62 et 63.)

En résumé :

Le Domaine s'est aborné et a aborné des communes et des sections de commune. Il l'a fait en vue seulement de l'intérêt public. Le droit commun est positif : nul ne peut être contraint de rester dans l'indivision. Le Domaine a usé de son droit ; aux propriétaires limitrophes à revendiquer actuellement le leur : tous les titres sont réservés.

CHAPITRE II.

Dispositions administratives.

« Art. 3. Lorsque les progrès de la population et des
« cultures auront pris une extension suffisante dans les
« deux plaines, elles seront constituées en deux sections de
« commune, ou bien en une seule commune, selon l'im-
« portance de ces localités. »

Il était impossible de décider, dès maintenant, quel sera l'avenir réservé à ces localités : ce n'est qu'ultérieurement, avec connaissance de cause et d'après le développement qu'elles auront pris, que l'Administration statuera sur l'importance de leur régime municipal.

Dans le premier cas la plaine des Palmistes serait une section de commune de Saint-Benoit , ayant pour chef-lieu Sainte-Agathe , et la plaine des Cafres ferait partie de la commune de Saint-Pierre.

C'est dans cette dernière éventualité qu'un terrain de 60 hectares est réservé dans cette plaine pour le cas où la commune demanderait plus tard la fondation d'un bourg. (Art. 34, § 2.)

C'est aussi dans cette éventualité que l'art. 2 a déterminé les limites qui séparent les deux plaines ; car ces limites seraient aussi celles des deux communes de Saint-Benoit et de Saint-Pierre.

Les bornes supérieures de ces communes n'étaient pas déterminées (1). La municipalité de Saint-Benoit réclame , en effet, la plaine des Palmistes et une portion de la plaine des Cafres jusqu'au piton Bleu. Celle de Saint-Pierre ré-clame la totalité de la plaine des Cafres , c'est-à-dire aussi cette partie contestée par la commune de Saint-Benoit , ou le versant du côté de la plaine des Palmistes.

Ces limites étaient donc importantes à fixer, et particu-lièrement au point de vue de la concession des ressources en eau. L'article 10 statue sur cette matière.

« Art. 4. En attendant cette constitution communale , « les contraventions et les autres causes incombant à la « juridiction des justices de paix seront portées :

« Par les habitants de la plaine des Cafres , devant le « juge de paix de Saint-Pierre ;

« Et par les habitants de la plaine des Palmistes, devant « le juge de paix de Saint-Benoit. »

Ces dispositions sont l'application des principes de l'arti-cle 3. L'Administration indique définitivement l'étendue des circonscriptions municipales , mais elle n'admet que provisoirement les circonscriptions judiciaires.

Ces circonscriptions ont pour but de chercher à prévenir, entre les deux communes de Saint-Benoit et de Saint-Pierre , une contestation analogue à celle qui existe entre les communes de Saint-André et de Saint-Benoit , au sujet de la section du Bras-Panon , contestation ancienne , mais toujours pendante, qui est reproduite chaque fois que l'oc-casion s'en présente (2).

---

(1) Textor. — Etudes sur les deux plaines, page 103.

(2) Ordonnance modificative des circonscriptions des justices de paix de Saint-André et de Saint-Benoit, 22 novembre 1847.

— 54 —

« Art. 5. Jusqu'à la même époque, l'exécution des pres-
« criptions du présent arrêté sera confiée à un fonctionnai-
« re, qui aura le titre de syndic de la colonisation.

« Les affaires administratives et municipales des deux
« plaines seront gérées par un conseil municipal provisoire
« composé du syndic de la colonisation, président, de deux
« notables habitants et de deux suppléants.

« Ces membres seront nommés par le Gouverneur, sur
« la présentation du Directeur de l'intérieur. »

« Art. 6. Dans chacune des deux plaines, il sera nom-
« mé un garde des domaines. Les gardes seront placés sous
« les ordres directs du syndic de la colonisation. »

Considérant particulièrement l'urgence et l'utilité d'arriver
à ce que les prescriptions de l'arrêté ne soient pas éludées,
que les contraventions soient signalées et réprimées, le
Gouvernement a créé trois agents spéciaux de colonisation :
un syndic, et dans chaque plaine un garde des domaines.

Les fonctions du syndic seront supprimées aussitôt la constitution de ces localités en municipalités réelles.

Ces importantes créations n'existent pas dans les arrêtés
relatifs aux colonisations de Cilaos et de Salazie. Nous
n'hésitons pas, quant à nous, à y voir une des causes principales de la non exécution des arrêtés qui les régissent, et
par suite nous y voyons également une des causes de la
lenteur avec laquelle ces exploitations de terres nouvelles
ont marché, et n'ont pu atteindre encore le but proposé,
malgré la protection efficace et soutenue dont l'Administration les a sans cesse entourées, particulièrement Cilaos.

Dans les sociétés naissantes il faut peu d'agents, et l'intérêt public veut qu'il leur soit confié un grand pouvoir.
Leur activité intelligente doit suppléer au nombre. Quelque complètes que soient les dispositions d'un projet, il faudra toujours parer à l'imprévu et même à l'oubli dans les
détails d'exécution. Où tout est à créer, la centralisation
des pouvoirs est une nécessité. Les formes administratives
et leurs rouages nombreux, indépendants, peuvent être la
sauvegarde des intérêts généraux des vieilles sociétés, mais
assurément ce système ne saurait convenir à une société
naissante.

Le syndic fait partie de la commission de colonisation
chargée de l'examen et du classement des demandes en
concessions (art. 14 et 15) ; les gardes des domaines de l'une
et l'autre plaine sont sous ses ordres directs (art. 6) ; il est
le président du conseil municipal provisoire, qui est chargé
de la gestion des affaires administratives et municipales, et

préposé aussi, entr'autres attributions, à la défense des intérêts des concessionnaires dans l'exécution des obligations
qui leur sont imposées (art. 5, 21, 27, 28, etc.) ; enfin le
syndic est commis à l'exécution des prescriptions de l'arrêté
du 4 novembre 1851.

C'est-à-dire qu'il est appelé à remplir les fonctions d'a-
gent spécial de l'Administration, de maire-adjoint, de commissaire de police, de conservateur des eaux et forêts ; et
même, dans certains cas spéciaux , celles de juge de paix.
Le syndic est l'ame de la colonisation ! Ce mot de M. le Directeur de l'intérieur résume et caractérise d'une manière
aussi heureuse que laconique la haute portée de cette création et l'importance de ses attributions.

Le syndic devra toujours être sur les lieux dans l'intérêt
de tous ; de pareilles fonctions ne supportent pas une apparition facultative et passagère. La résidence , qui n'est
pas exigée pour les concessionnaires, devient donc pour lui
une obligation.

Le syndic donne son temps et son intelligence à la chose
publique ; il doit être responsable de ses actes, avoir de
l'indépendance dans sa position vis-à-vis les colons. Il sera
donc un fonctionnaire nommé par le Gouvernement et ré-
tribué par lui.

Il doit être attaché au sort de la colonisation et intéressé
à son avenir. Il faut donc qu'il devienne lui-même un concessionnaire sérieux ; de la sorte il connaîtra mieux les véritables intérêts des habitants et les charges des obligations
imposées aux colons ; il pourra mieux enfin les aider de
ses conseils et les guider par son expérience.

« Art. 7. Un arrêté d'administration réglera les attribu-
« tions du conseil municipal provisoire , du syndic de la
« colonisation et des gardes des domaines. »

La commission du 10 mai avait proposé la nomination
d'un directeur de la colonisation. Le syndicat de l'arrêté du
4 novembre n'a pas seulement adopté cette création , mais
il l'a développée , rendue utile et possible ; il en a fait enfin
une institution nouvelle en la complétant par le conseil municipal provisoire ; cette institution qui doit assurer le succès de la colonisation.

Le syndic est l'agent et le représentant du Gouvernement;
mais les membres du conseil sont les délégués des intérêts
des habitants.

Nous avons entendu reprocher , comme vice organique ,
le petit nombre des membres qui composent le conseil. Nous
pensons, au contraire , que c'est une grande qualité , une

garantie sérieuse de bonne administration. On y discutera
peut-être moins que dans une réunion plus nombreuse ;
mais on n'en fera pas moins probablement autant de beso-
gne. Des suppléants sont désignés d'avance pour remplacer
les titulaires en cas d'empêchement.

Les membres sont nommés par le Gouvernement et non
pas à l'élection. Il ne pouvait en être autrement ; car le
conseil devra fonctionner dès le premier jour de la colonisation , avant même l'arrivée de tous les concessionnaires ;
et c'est probablement dans les commencements qu'il aura
le plus à faire. Nous l'avons déjà dit dans un précédent
chapitre : *Le conseil municipal provisoire est le défenseur
naturel et officiel des nouveaux colons.*

Sans entrer dans aucun détail nous allons présenter l'ensemble des attributions du conseil municipal provisoire, du
syndic de la colonisation et des gardes des domaines.

1º Les attributions du conseil municipal provisoire seront celles dont les principes sont posés dans le décret colonial du 11 octobre 1836 , concernant l'organisation municipale de Salazie, et l'arrêté du 4 février 1837 concernant
cette agence municipale ; par l'arrêté du 12 novembre
1858 concernant l'organisation municipale de la Réunion ; enfin par les dispositions spéciales relatives à l'application des principes de l'arrêté du 4 novembre 1851.

Les attributions du syndic comprendront :

1º, 2º — Celles de préposé à l'exécution des prescriptions
de l'arrêté du 4 novembre 1851, et celles relatives à sa position spéciale d'agent de l'Administration dans la colonisation des deux plaines des Cafres et des Palmistes.

3º — Celles de maire-adjoint, qui sont réglées par le décret colonial concernant l'organisation municipale de Salazie , du 11 octobre 1836 , et l'arrêté du 4 février 1837
concernant l'agence municipale de Salazie. L'arrêté de
l'organisation municipale de la Réunion , en date du 12
novembre 1848, y sera substitué au décret organique du 22
juillet 1834.

4º — Celles de commissaire de police, qui sont déterminées par l'arrêté du 8 novembre 1848 concernant l'organisation de la police.

5º — Celles de conservateur des eaux et forêts , qui sont
attribuées au commissaire de police de Salazie par l'article 6 du décret colonial du 11 octobre 1836, mais en les
détaillant et spécifiant les prescriptions de la loi du 21 mai
1827, ou Code forestier, en ce qui s'y trouve d'applicable

aux deux plaines des Cafres et des Palmistes, et par exception à l'article 4 de cette même loi (1).

6° — Celles de juge de paix dans les contestations diverses relatives aux engagements respectifs des gens de travail et de ceux qui les emploient, qui seront réglées par le
décret du Gouvernement provisoire du 27 avril 1848 instituant des jurys cantonaux dans chaque justice de paix, et
sans application de l'arrêté du 25 décembre 1848 qui confère provisoirement aux juges de paix les attributions des
jurys cantonaux. Le syndic sera président du jury par
exception à l'article 1er du décret du 27 avril 1848.

Les attributions des gardes du Domaine seront réglées
généralement par des prescriptions puisées dans la loi du
28 septembre — 8 décembre 1791, relative aux biens et
usages ruraux et à la police rurale ; puis

1° — Comme gardes de police, elles seront déterminées
par l'arrêté du 8 novembre 1848 concernant l'organisation de la police à la Réunion, et l'article 16, § 4, du Code
d'instruction criminelle ;

2°, 3° — Comme gardes des domaines et gardes forestiers, par les dispositions des articles 9, 16, 17, 18, 20 du
Code d'instruction criminelle et 462 du Code pénal, et par
des prescriptions spéciales puisées dans la loi du 21 mai
1827, et par exception à l'article 4 de cette même loi ;

4° — Comme gardes-champêtres, elles le seront enfin par
les principes de l'arrêté concernant les gardes-champêtres
surveillants ruraux à l'île de la Réunion, du 7 février 1848.

CHAPITRE III.

Réserves générales du Domaine.

« Art. 8. Ne pourront être concédés et resteront pro-
« priétés domaniales :
« 1° Les sources ou fontaines, même intermittentes, les
« bassins, les mares et étangs, ainsi que les marges et che-
« mins nécessaires pour en rendre l'accès facile au public ;
« 2° Les cours d'eau et les ravines dont le cours présente
« des excavations contenant des trous ou bassins naturels,
« et sur chacune de leurs rives, une réserve de 5 à 10 mè-
« tres, outre leur encaissement, même sur le sommet des
« remparts ;
« 3° Les pitons, mamelons et terrains dont l'inclinaison
« est de plus de 35° et qui ont plus de 20 mètres d'éléva-
« tion au-dessus du terrain immédiatement inférieur ;

---

(1) Le Code forestier n'a pas été promulgué à la Réunion.

« 4º Les terrains nécessaires à l'ouverture des routes et
« chemins, des canaux et conduites d'eau entrepris par le
« Gouvernement ou par la commune ;
« 5º Les terrains nécessaires à l'établissement d'un bourg
« dans chacune des deux plaines. »

Le décret du 5 août 1839 ne règle que les principes généraux des concessions ; c'est dans les arrêtés particuliers
que l'on doit faire les applications spéciales. Conformément
à l'article 21 de ce décret, l'arrêté du 4 novembre a fixé et
détaillé, selon la nature des lieux et selon le but de la colonisation, les différentes réserves générales et particulières
du domaine qui devaient être faites dans l'intérêt public et
dans le but aussi d'éviter des contestations ultérieures. Les
articles 33 et 42 sont les compléments de ces dispositions
protectrices.

Considérant que par la chaleur et par l'évaporation les
eaux de l'intérieur de ces plaines pourraient tarir, ou bien
diminuer de volume si leurs abords étaient inconsidérément
déboisés, l'article 8 prescrit de ne pas concéder les ressources quelconques en eau, de ne pas déboiser les rives des racines, et de plus l'article 12 prescrit même de replanter
celles qui seraient déboisées.

La largeur de la lisière de bois à laisser sur chaque rive
sera déterminée par un arrêté d'administration sur la proposition du syndic, comme conservateur des domaines.

Les grandes ravines de ces localités ayant toutes leurs
sources dans des remparts ou des pitons, le chiffre de 35º
fixé pour limite aux concessions les protège suffisamment (1).

Ces dispositions sont celles plus complètes de l'arrêté du
2 septembre 1840 concernant les terres du Domaine situées
à Cilaos, et celles du décret colonial du 8 juillet 1837 concernant la concession des terres de Salazie.

La commission de janvier 1849 avait fait à peu près les
mêmes réserves naturelles ; seulement, plus sévères encore,
elle avait étendu jusqu'à 25º les terrains réservés. Elle demandait également qu'une zone non défrichée fût réservée
dans les terrains avoisinants.

M. Patu de Rosemont disait au Conseil colonial, au sujet de la discussion de l'article 10 du projet, devenu le décret du 5 août 1839 : « Il me paraît avantageux de concéder les versants les plus rapides, mais avec la condition de
les boiser et de les entretenir. Vous pouvez imposer aux

---

(1) Voir les commentaires sur l'article 25.

concessionnaires des conditions dures, des amendes (1). »

M. de Greslan avait dit à cette même séance en parlant sur cet article : « Toutes les fois que vous concéderez on défrichera quoique vous puissiez faire et dire. Si vous voulez être sûrs qu'on ne défrichera pas, rendez le défrichement impossible, en rendant le terrain inconcessible. »

C'est à cette opinion, basée sur l'expérience, que le Gouvernement s'est arrêté dans les présentes dispositions, complétées par celles des articles 12, 25 et 34.

« Art. 9. La largeur des chemins communaux sera de
« 5 à 6 mètres , les fossés non compris , conformément à
« l'article 14 de l'arrêté du 30 octobre 1850.

« La largeur des chemins d'eau qui resteront propriétés
« communales, et ceux que les concessionnaires seront te-
« nus de se livrer réciproquement, conformément aux dis-
« positions du présent arrêté, sera de 3 m. 50. »

Par suite des dissidences qui se sont toujours élevées dans la Colonie au sujet de la largeur des chemins, et de l'importance qu'il y avait à se prononcer à cet égard , la commission du 10 mai 1849 avait fixé la largeur des chemins communaux à 5 mètres, les fossés non compris, et à 3 m. 50 celle des chemins de servitude.

Le décret du 8 juillet 1839, article 19, et le décret colonial du 2 septembre 1840, article 7, disaient : « Les chemins de charrettes devront avoir 5 m. 25 de largeur, et les chemins de piétons 1 m. 95, si le terrain le permet. »

La commission de janvier 1849 avait fixé la largeur des chemins de charrettes à 10 mètres, y compris les fossés , et celle de piétons à 3 mètres.

L'article 9 ne pouvait être que l'application de l'arrêté spécial du 30 octobre 1850 sur la police des routes.

« Art. 10. Toute ressource en eau qui sera située de ma-
« nière à pouvoir être dérivée également dans la plaine des
« Cafres et dans la plaine des Palmistes , appartiendra par
« moitié aux deux localités. »

Considérant l'avenir que l'article 3 réserve à ces localités en les réunissant, s'il y avait lieu, en une seule commune ; considérant de plus la nécessité de légaliser un fait déjà existant, sur lequel des motifs d'utilité publique défendent de revenir, et que consacre l'esprit de l'article 62 , celui de la position du canal Paul Reilhac qui conduit les eaux des

---

(1) Conseil colonial, 8 juin 1836.

sources de la Grande-Montée, situées sur le versant de Saint-Benoit, dans les terres de Saint-Pierre, l'arrêté admet, dès maintenant, que toute ressource en eau de l'une ou de l'autre plaine peut être répartie de moitié entre elles.

Il s'agit ici d'une ressource en eau ; mais l'esprit de cette disposition s'applique évidemment à une ressource naturelle quelconque, qui viendrait ultérieurement à être découverte dans l'une ou dans l'autre plaine.

« Art. 11. L'Administration fera désigner les endroits des
« ressources en eau qui pourront servir de fontaines, la-
« voirs ou abreuvoirs.

« Un arrêté d'administration déterminera les mesures de
« police propres à assurer la conservation et le meilleur
« emploi des eaux. »

Ces dispositions sont le résumé des mesures conservatrices de l'arrêté du 8 avril 1840 concernant la police du canal de la rivière du Mât, article 1, et de celles de l'arrêté du 14 octobre 1826, du canal Saint-Etienne, article 4.

Art. 12. « Les terrains réservés conformément aux pa-
« ragraphes 2 et 3 de l'article 8 devront rester boisés. Ceux
« qui ne le seraient pas actuellement seront replantés aux
« frais de l'Administration et de la commune. »

Le reboisement des terrains des réserves domaniales s'applique particulièrement à la plaine des Cafres dont les ressources en eau sont si bornées. C'est l'utilité et l'urgence de cette disposition, qui ont décidé l'Administration à la faire exécuter à ses frais et à ceux de la commune.

La commission du 10 mai 1849 avait d'abord arrêté l'article suivant dans son projet de décret ; puis elle a décidé qu'il serait seulement inséré aux observations du rapporteur :

« Le plan général de la plaine des Palmistes et de celle des Cafres sera levé le plus tôt possible par les soins des agents des ponts et chaussées.

« Il sera fait cinq copies de ce plan : une pour la direction de l'intérieur, une pour la direction des domaines, une pour la mairie de Saint-Benoit, une pour la mairie de Saint-Pierre, une, enfin, pour la section de commune qui sera créée, plus tard, à la plaine des Palmistes.

« Les réserves domaniales seront désignées sur le plan, avant tout partage des terres, et en seront la première opération. »

La commission prescrivait ces cinq copies et l'emploi

qu'on en devait faire , pour prévenir plus facilement les
contestations , les envahissements et les contraventions sur
les biens domaniaux.

Mais , considérant que cette demande de la levée de ces
plans amènerait peut-être des difficultés imprévues et insurmontables , qu'elles pourraient même faire ajourner la
colonisation, puisque la direction des ponts et chaussées de
la Réunion n'avait pas, jusqu'ici, jugé à propos de faire entreprendre cet utile et important travail; considérant, aussi,
qu'elle proposait un mode de partage des terres qui pouvait,
autant que cela est possible , se passer de tout plan préalable (par l'application sur le terrain d'un système de balisages rectangulaires) ; la commission , disons-nous , a retiré son article. Puis elle a décidé que, considérant son importance pour l'utilité de la colonisation , il en serait fait
mention au rapport.

La commission de janvier 1849 avait aussi désiré d'abord
qu'un plan régulier des localités à concéder fût préalablement levé. Mais considérant également que ces opérations
retarderaient forcément la mise en possession des demandeurs des terrains domaniaux ; aussi pour satisfaire aux
besoins nombreux qui se manifestaient à Saint-Benoît et à
Saint-Pierre, elle a pensé que pour la plaine des Palmistes
et pour celle des Cafres, on pouvait ne pas attendre qu'un
plan régulier fût levé ; et, en effet, pour la première plaine
principalement , il existe un plan figuratif suffisamment
exact pour servir de base aux concessions à faire , et quant
à la plaine des Cafres, la délimitation en est facile et la sub-
division peut s'opérer de suite.

M. Guy de Ferrières, ingénieur colonial , pensa, au contraire , qu'un plan préalable était indispensable , et qu'il
appartenait à la commission de désigner les points principaux par où les limites des localités devraient passer , que
ce serait un travail de cinq à six jours. Il demanda ensuite
que son opinion motivée fût insérée textuellement au procès-verbal. Nous la reproduirons au chapitre V du titre III.

L'Administration a décidé que le plan de ces localités
serait levé. Il doit présenter d'une manière suffisamment
exacte l'ensemble topographique des lieux , exactement le
système des balisages rectangulaires , le partage des terres
et la répartition des lots de concessions, conformément aux
prescriptions de l'arrêté du 4 novembre 1851.

Le 3 juin 1850, un agent de la Direction des ponts et
chaussées a été envoyé, avec des travailleurs , à la plaine

des Palmistes , pour commencer l'ouverture des balisages dans le bois. Aussitôt la promulgation de l'arrêté du 4 novembre , les ingénieurs coloniaux de Saint-Benoit et de Saint-Pierre ont reçu des ordres et des instructions pour exécuter la levée du plan des deux plaines , et pour faire l'application sur le terrain et sur le plan des prescriptions de l'arrêté au sujet du partage des terres, des réserves, etc.

Ces travaux graphiques ne sont pas encore revenus à l'Administration supérieure ; il seront produits, sans nul doute , contenant les indications et tous les détails nécessaires, pour le 15 avril 1852 , jour fixé par l'article 13 pour faire la répartition des lots entre les pétitionnaires inscrits.

Les pétitionnaires qui ont demandé des concessions à titre onéreux n'ont pu indiquer le terrain que très vaguement , et ils ont dû faire cette réserve , dont la formule se trouve dans la circulaire de M. le Directeur de l'intérieur, *se réservant de désigner le terrain plus exactement au moment du tirage , sur la vue du plan officiel des lieux qui leur sera présenté.*

Qu'on ait donc toute confiance !... En présence de la promulgation de l'arrêté du 4 novembre , en présence des ordres formels d'exécution que l'Administration a donnés à ses agents, les appréhensions de la commission du 10 mai 1849 ne pourraient être dorénavant que chimériques ; leur manifestation n'est plus permise. La colonisation des deux plaines des Cafres et des Palmistes ne saurait manquer aujourd'hui , nous voulions dire ne saurait être ajournée par un manque de zèle ou par la faute des agents du Gouvernement , ainsi que le redoutaient hautement les commissions, et plusieurs personnes aussi, au moment où nous écrivons , qui ignorent les causes du malencontreux retard du travail confié aux soins intelligents et empressés des employés de la Direction des ponts et chaussées de la Réunion.

CHAPITRE IV.

Mode général de concession.

« Art. 13. Sont considérées comme non avenues les de-
« mandes de concessions, dans les deux plaines , adressées
« jusqu'à ce jour à l'Administration.

« Les nouvelles demandes devront être faites dans un
« délai de quatre mois, du jour de la promulgation du pré-
« sent arrêté ; elles le seront conformément à l'article 23
« du décret colonial du 5 août 1839, et feront de plus con-
« naître dans laquelle des cinq catégories de concessions

« spécifiées aux articles 36 et 46 le pétitionnaire désire être
« placé.

« Les pétitionnaires qui justifieront de moyens suffisants
« d'exploitation pourront demander une concession dans
« l'une et dans l'autre plaine ; chaque demande dans ces
« deux cas devra être faite séparément et dans la forme ci-
« dessus prescrite. »

La Direction de l'intérieur possède une multitude d'anciennes demandes de concessions de différentes dates. Le
Gouvernement ne pouvait reconnaître ni la valeur, ni la
priorité de ces demandes, et il devait, au contraire, pres-
crire d'en rédiger de nouvelles. Serait-on certain de pouvoir réunir toutes celles qui ont été faites ? Beaucoup de
pétitionnaires sont morts, sans doute, ou bien ont quitté
l'Ile. Souvent encore, le simple nom du signataire, sans
autre indication, permettrait-il de retrouver le pétitionnaire ? D'ailleurs, des demandes antérieures à cet arrêté n'eussent pas été valables pour obliger les concessionnaires à se
conformer à des prescriptions qu'ils ne connaissaient pas.

Les demandes adressées à l'Administration après la promulgation de l'arrêté devaient donc seules être admises,
comme représentant un acte d'adhésion et d'engagement
fait par les pétitionnaires.

L'article 23 du décret colonial du 5 août 1839 est ainsi
conçu :

« La demande sera formée par une requête adressée au
chef de l'administration intérieure.

« Elle devra être accompagnée d'un certificat délivré par
le maire et par trois conseillers municipaux de la commune
désignés par le sort à l'ouverture de la première session de
chaque année.

« Ce certificat attestera :

« 1° La situation de la famille ;

« 2° Les noms, prénoms et âges des individus qui la composent.

« Les demandes seront enregistrées à la date de leur ré-
ception sur un registre à ce destiné. »

A la discussion de cet article au Conseil colonial, M. de
Greslan avait proposé l'amendement d'ajouter, à l'avant
dernier paragraphe, ces mots : « sa moralité et les moyens
d'exploitation dont il peut disposer (1).

Le Conseil, par des raisons que nous n'apprécierons pas

______

(1) M. de Greslan. Conseil colonial, 11 juin 1836.

ici, repoussa cet amendement qui tendait, cependant, à donner au Pays de nouvelles garanties. L'arrêté du 4 novembre devait consacrer ces dispositions importantes.

Il oblige, en effet, les pétitionnaires à faire connaître leurs moyens d'exploitation, et il les prévient que c'est d'après l'existence réelle des moyens accusés (la commission de colonisation est chargée de cette vérification), que le classement des pétitionnaires sera fait en cinq catégories d'importance.

Les instructions de M. le Directeur de l'intérieur aux maires des quartiers contiennent des modèles de demandes et de certificats, dans le but de dissiper des incertitudes et de résoudre des difficultés qui se soulèveraient. Il est indiqué pour les certificats qu'il doit y être fait mention de la moralité des pétitionnaires. Cette disposition est importante : elle doit faciliter à la double commission de colonisation et le classement des pétitionnaires et le rejet de ceux qui, sous un point de vue quelconque, paraîtraient dangereux ou nuisibles à admettre dans les nouvelles terres. Malgré la position spéciale des membres de cette commission, leur connaissance profonde de la colonie, ils ne pouvaient, en effet, connaître tous les gens dont il est fait mention ici, sans une annotation des officiers municipaux des communes.

L'Administration a mis en ligne, pour justifier l'utilité d'une nouvelle colonisation intérieure, et entre autres considérations, la nécessité d'améliorer l'existence de l'ancienne classe prolétaire créole, et le devoir de créer un avenir à la nouvelle classe prolétaire née de l'émancipation.

Nous ne reproduirons pas ici nos opinions personnelles à ce sujet ; mais nous prions le lecteur de se reporter aux Etudes sur les deux plaines, s'il le jugeait convenable : cette considération importante s'y trouve développée. Nous ajouterons encore.

Le bien-être matériel des classes pauvres doit être l'occupation constante des hommes qui gouvernent les sociétés ; il doit être leur souci, leur préoccupation. Cherchons d'abord à arracher l'homme aux étreintes de la faim et de la misère, cherchons à lui procurer les moyens de satisfaire aux plus impérieux besoins de son existence physique, et nous aurons ensuite tout le loisir de venir aviser à perfectionner son éducation morale et intellectuelle, et aussi son éducation politique.

C'est dans cette voie nouvelle que le Gouvernement mé-

tropolitain s'avance hautement : ses actes le démontrent.
C'est là qu'il trouvera des mesures efficaces, des moyens
sérieux pour combler enfin le gouffre profond des révolutions. Entrons donc franchement dans cette voie humanitaire (au moins chaque fois que l'occasion s'en présente) ;
nous y avons fait ici peu de progrès encore. Rappelons-nous
ces éloquentes, ces sages paroles que le prince Louis-Napoléon
prononçait en 1842, au sujet du meilleur emploi à faire de
l'impôt. Elles nous sont applicables en tous points ; c'est
avec l'impôt seul que nous pouvons assurer l'avenir des
nouvelles colonisations, — PAR L'EXÉCUTION DES TRAVAUX
PUBLICS ET PAR D'EFFICACES ENCOURAGEMENTS A LA PRODUC-
TION :

*« Si les ressources d'un pays sont employées à créer de
nouveaux éléments de production, à rétablir l'équilibre des
richesses, à détruire la misère en activant et en organisant le
travail, à guérir enfin les maux que notre civilisation entraîne avec elle, alors certainement l'impôt devient pour les
citoyens, comme l'a dit un ministre à la tribune, le meilleur
des placements. »*

L'arrêté du 4 novembre est loin, cependant, d'avoir voulu
concéder les terres intérieures aux prolétaires des deux
classes de citoyens de la Réunion, ainsi que le lui ont déjà
reproché plusieurs personnes qui évidemment ne l'avaient
pas lu.

Pourquoi cinq catégories d'importance dans les concessions ? Pourquoi ces obligations d'exploitation ? Pourquoi
ces privilèges à titre onéreux, etc. ? L'Administration ne
proclame-t-elle pas, au contraire, que le faire serait dangereux, impolitique ; que l'importance intérieure, géographique et militaire, qu'elle reconnaît à ces deux localités proscrit cette mesure exceptionnelle ? Ces hommes
pourront bien subsister eux et leur famille (au moyen des
encouragements de l'Administration), mais ils ne réussi-
ront pas à produire pour l'exportation dans le reste de l'Ile.
Ils apporteront bien des bras et du travail dans la colonisation ; mais ils manqueront de capitaux et des moyens de
pratiquer les meilleures méthodes de cultures (1).

L'Administration a donc pensé que pour donner quelque consistance aux nouvelles colonisations, pour les
mettre en honneur et pour les faire prospérer par l'union
des bras et des capitaux, TOUTES LES CLASSES de la popula-

---

(1) Voir les commentaires du chapitre 14.

tion française de l'île de la Réunion devaient être admises
indistinctement à demander et à obtenir des concessions.
Les articles 35 et 46 fixent dans quelles proportions le partage des terres serait effectué.

L'Administration a dû poser que la prescription de justifier de moyens suffisants d'exploitation, selon la quantité
de terres que l'on sollicitait, était indispensable à admettre.
Pourquoi concéderait-on à des individus qui, de leur aveu
même, n'auraient pas les moyens suffisants pour mettre les
terres demandées en valeur et en culture , et qui devraient
plus tard, pour ce seul motif, les voir retourner au Domaine? Une des conditions principales des concessions de
terres faites dans la Colonie a toujours été la mise en culture , et sa non exécution a toujours été considérée comme
un abandon , une renonciation de l'acte de concession (1).
Ce principe de faire au concessionnaire une obligation de
la mise en culture est un de ceux que consacre plus particulièrement l'arrêté du 4 novembre 1851.

Plusieurs Créoles recommandables, et dont l'opinion est
puissante, s'éloignent encore de cette nouvelle colonisation
intérieure , se rappelant les anciennes craintes du Conseil colonial (craintes fondées à l'époque) sur les dangers
d'un établissement des affranchis dans nos terres intérieures. Voici à ce sujet les paroles de M. de Greslan (2) :

« La commission a voulu , avant tout, éviter tout ce qui
pouvait renouveler à Bourbon les Montagnes Bleues de la
Jamaïque, ou même une *Liberia*. C'est vers la culture , la
culture déjà en voie de progrès, culture assez riche pour
payer largement tous ses agents, qu'il faut pousser les nouveaux affranchis. Hors de là, point de prospérité pour l'industrie , point de sécurité pour la société. Réunir ces individus dans l'intérieur d'un pays , dont le littoral seul peut
être surveillé ; les distribuer dans de petits villages où ils
conspireront dans la misère (car quels moyens d'existence
pourront-ils s'y créer d'une manière honorable?), c'est
faire beaucoup contre le reste de la société , sans rien faire
pour eux, etc. »

Ceci était vrai : — ceci ne l'est plus aujourd'hui.

L'expérience a démontré que la culture de la canne ne
convenait guère qu'aux grands propriétaires et au capita-

---

(1) Arrêt du Conseil supérieur, 1er décembre 1824. — Thomas :
Statistique de l'île Bourbon.

(2) De Greslan. Conseil colonial , 11 juin 1836.

listes ; que les affranchis s'en éloignaient sans cesse depuis l'émancipation, comme les prolétaires de l'ancienne société coloniale s'en étaient également éloignés.

L'émancipation générale des esclaves a changé la face des choses coloniales (1), mais non pas notre appréciation que confirme encore l'expérience. Nous savons qu'un rapport célèbre, celui de la commission instituée pour préparer l'acte de l'abolition immédiate de l'esclavage, n'est pas de cet avis. C'est tout naturel. La situation coloniale qu'il indique se réalisera, peut-être, dans un avenir plus ou moins lointain ; nous le souhaitons ardemment pour l'avenir des colonies, mais nous ne parlons ici que de ce qui existe actuellement à la Réunion. Aussi, sans partager ni l'optimisme de la commission d'abolition, ni les craintes du Conseil colonial, nous nous contentons de poursuivre l'exécution d'un des moyens, entr'autres que nous sachions, pour chercher à parer aux exigences et aux besoins du présent. Non pas, ainsi que plusieurs nous l'ont fait dire, que nous n'en admettions pas d'autres ; mais parce que c'est celui que nous saisissons le mieux, que nous avons le plus étudié. A d'autres citoyens à trouver, développer ou poursuivre d'autres idées plus neuves ou plus efficaces.

Enfin ces craintes du Conseil colonial, puisque tel est notre sujet en ce moment, n'existent plus, comme tant d'autres appréhensions. Le temps a marché. L'arrêté du 4 novembre ne concède pas à une classe plutôt qu'à telle autre ; il concède à des représentants de TOUTES les classes, et il établit cinq catégories de concessions.

« Art. 15. La commission fera le classement des péti-
« tionnaires en cinq catégories, d'après les moyens d'ex-
« ploitation dont ils auront justifiés.

« Le Gouverneur, en Conseil privé, statuera définitive-
« ment sur le classement. »

La commission de janvier 1849 avait proposé une commission composée de l'inspecteur des domaines ou son délégué, du maire de la commune, de l'ingénieur de l'arron-

---

(1) « Il est aujourd'hui certain que la production du sucre n'exige plus le maintien de grands domaines. La culture de la canne peut être séparée de la production du produit ; et, sans attendre de nouveaux établissements, les usines qui existent peuvent se transformer en centres de fabrication et favoriser ainsi la division du sol et la petite culture. Tous ces procédés sont possibles, hors un seul : la contrainte au travail, etc. »

Rapport fait au ministre de la marine et des colonies par la commission instituée pour préparer l'acte de l'abolition immédiate de l'esclavage. (Mai 1848.)

dissement , tous fonctionnaires étant le plus à même d'éclairer l'Administration.

La commission du 10 mai 1849 a ajouté à cette commission deux membres nommés par le Gouverneur.

L'arrêté du 4 novembre a consacré ces dispositions , puis enfin il a ajouté le syndic de la colonisation.

Les considérations que nous avons développées à l'article 13 fesaient un devoir à l'Administration de nommer une double commission de colonisation chargée de recevoir les demandes de concession , de les classer , annoter , et même d'en proposer le rejet. L'application des articles 24 et 29 du décret colonial du 5 août 1839 le demandait également.

L'article 24 prescrit que chaque concession sera , quant à son étendue , déterminée eu égard à la position du concessionnaire. L'arrêté du 4 novembre consacre cette disposition ; mais il ajoute que le pétitionnaire indiquera la catégorie qu'il désire , et que ce sera la commission qui lui assignera le rang qui convient réellement à sa position et à ses moyens d'exploitation.

L'article 29 autorise les personnes libres nées dans la Colonie, ou y ayant un domicile réel et régulier , depuis trois ans au moins, à demander des concessions. La nouvelle situation où l'émancipation des esclaves a mis la Colonie , exigeait donc que l'arrêté du 4 novembre appelât une attention plus attentive sur les demandes de concession et particulièrement sur celles émanant de cette classe de citoyens.

Nous l'avons déjà dit (1), et nous le répétons ici, afin qu'on ne se méprenne pas sur nos idées : « Le gouvernement devait appeler , dès maintenant , comme aptes à obtenir des concessions , ceux des membres de cette classe qui connaissent les liens de la famille et du mariage , qui sont exempts de l'engagement , ceux enfin qui en sont l'élite. »

L'arrêté accorde à la commission toute liberté de proposition , car il n'en fait qu'une commission consultative , et c'est le Gouverneur, en conseil privé , qui prend la responsabilité du classement définitif : nouvelle garantie accordée à l'ordre et à la moralité dans le choix des concessionnaires.

« Art. 16. La répartition des lots entre les pétitionnaires « classés aura lieu par la voie du sort.

« Le tirage au sort sera fait publiquement , par catégo« rie , en présence du directeur de l'intérieur, assisté du « contrôleur colonial et du directeur des domaines. »

La voie du sort était la seule à admettre pour le partage

---

(1) Textor. — Etudes sur les deux plaines.

de terrains accordés gratuitement, et dans le cas, nécessaire à prévoir, où le nombre des pétitionnaires, dans chaque
catégorie, excéderait le nombre des lots de concession. Cette disposition si importante ne se trouve dans aucun acte
précédent, ni dans le décret du 5 août 1839, ni dans l'arrêté
du 2 septembre 1840 : elle est seulement consacrée dans le
projet de la commission de janvier 1849.

« Art. 17. Pourra être exempté du tirage au sort tout
« pétitionnaire admis, qui s'engagera à fournir, par moi-
« tié, d'année en année, dans le délai de deux ans, la
« quantité de vingt journées de travail par hectare de terre
« de la catégorie dans laquelle il aura été classé. »

« Art. 18. Si plusieurs concurrents se présentent pour le
« même lot, un tirage particulier aura lieu entre eux ; à
« moins que l'un d'eux ne demande que l'enchère soit ou-
« verte entre les concurrents, sur la mise à prix de vingt
« journées par hectare de terre, comme il est dit ci-dessus.»

« Art. 19. Les journées dues, conformément aux pres-
« criptions des deux articles précédents, seront employées
« à l'ouverture des chemins communaux. Elles le seront
« de préférence aux chemins entourant les carrés où sont
« compris les concessions de ceux qui les fourniront.

« Tout concessionnaire qui ne fournirait pas, dans les
« délais ci-dessus fixés, les journées pour lesquelles il s'est
« engagé, sera déchu de ses droits de concessionnaire, et
« les bâtiments existants devront être enlevés dans les trois
« mois de la notification de la décision ; à défaut par lui de
« le faire il y sera pourvu à ses frais par les soins de l'Ad-
« ministration. »

Tout en admettant le principe de la distribution des lots
de concession par la voie du sort, l'Administration devait
penser que des exceptions pouvaient y être faites, dans l'intérêt de tous, dans l'intérêt même de la colonisation ; mais
que ces exceptions et priviléges de choix seraient concédés
à titre onéreux.

Ces priviléges onéreux devaient être admis, par exception, comme un moyen puissant d'attirer dans ces localités
des personnes ayant des capitaux ou au moins des avances;
ou bien des personnes qui désireraient réellement s'y fixer,
et non pas seulement de celles qui ne seraient tentées que
par la concession gratuite, ou qui ne viendraient s'y établir que pour répondre à un appel du sort, sur lequel elles
ne s'étaient pas mises en mesure de compter.

La position générale de la Colonie, l'état de gène probable où seront les nouveaux concessionnaires dans les commencements, désireux qu'ils seront de mettre toutes leurs

forces à faire avancer leur exploitation, prescrivaient de réduire, autant que possible, les redevances onéreuses.

L'Administration a voulu qu'elles tournassent au profit exclusif de la colonisation, et c'est en se préoccupant de lui créer, dès les commencements, quelques ressources indispensables, mais que dans les circonstances présentes elle ne pouvait pas lui accorder dans toute la mesure de ses besoins, qu'elle a vu une considération nouvelle à invoquer en faveur du principe des priviléges à titre onéreux.

Ces redevances seront employées à l'ouverture des chemins communaux, parce que c'est là le travail capital, et que *toute exploitation n'est fructueuse qu'à la condition de débouchés suffisants* (1).

La justice fesait un devoir d'être très sévère envers les concessionnaires privilégiés qui ne fourniraient pas les journées de travail pour lesquelles ils se sont engagés. L'article 19 prononce pour eux la déchéance, en assimilant, avec raison, cet engagement à une obligation inhérente à la concession, et devant rentrer, dès lors, dans le principe consacré à l'article 22, celui de la déchéance des droits du concessionnaire, s'il ne satisfait pas aux obligations de l'arrêté.

Les dispositions relatives au tirage des lots, consacrées dans le projet de la commission de janvier 1849, se trouvent principalement dans celui de la commission du 10 mai 1849. Ici elles sont seulement remaniées, simplifiées et rendues plus administratives. C'est ainsi, qu'entr'autres modifications qui y ont été apportées, nous citerons : la suppression du tirage préalable que voulait la dernière commission pour faire connaître, par catégorie, le nombre des concessionnaires qui seraient aptes à obtenir des concessions ; la suppression du privilége onéreux correspondant ; la présence du contrôleur colonial et du directeur des domaines à l'opération du tirage des lots de concession ; le délai accordé au concessionnaire privilégié pour vider les lieux en cas de déchéance, et la permission d'enlever les bâtiments existants, etc.

CHAPITRE V.

Obligations générales imposées aux Concessionnaires.

« Art. 20. Les concessions ne seront accordées qu'à titre

---

(1) Lettre d'envoi du travail de la commission du 10 mai 1849. M. Hubert Delisle, président.

« provisoire. Elles ne deviendront définitives qu'après un
« délai de quatre années , à partir du jour de la mise en
« possession par le syndic de la colonisation, qui tiendra ,
« à cet effet, un registre spécial.

« Toutefois, le concessionnaire qui, avant les quatre ans,
« justifierait de l'accomplissement des obligations impo-
« sées, pourra recevoir un titre définitif de concession.

« Les titres provisoires ne pourront donner lieu à aucune
« vente ou transaction quelconque. Ils seront incessibles
« et insaisissables. »

Le Gouvernement s'est vivement préoccupé de chercher
les moyens d'empêcher la spéculation de venir s'établir sur
les terres concédées avant leur mise en valeur. Il redoutait,
à bon droit, de voir compromettre le succès de la colonisation. Il a donc voulu que les concessions ne fussent d'abord
que provisoires , qu'on ne pût en disposer en faveur d'un
tiers , et qu'elles ne devinssent définitives qu'au bout d'un
délai de quatre annés, et après l'observation des conditions
imposées.

Cependant, pour exciter le travail par l'intérêt personnel,
il a fait exception à cette prescription en faveur des concessionnaires qui viendraient à remplir les formalités exigées
dans un délai quelconque.

Les titres provisoires sont incessibles et insaisissables.
C'est afin de protéger plus complètement le concessionnaire
et assurer à son travail une nouvelle chance d'un meilleur
avenir.

Sans cette disposition la concession n'eût pas été sérieuse;
car le concessionnaire , par exemple , dont la propriété sur
le littoral eût été grevée d'hypothèques, qui ne voulait une
concession que comme un moyen nouveau qui s'offrait à
lui d'améliorer sa situation, sous la menace pendante d'une
expropriation forcée, avant que cette terre eût pu acquérir
une certaine valeur, ce concessionnaire, disons-nous, ne se
fût pas livré au travail avec une véritable ardeur. Il le fera
sous cette législation protectrice , qui lui donne, au moins,
le temps de rehausser la valeur du nouveau gage qu'il veut
offrir à ses créanciers pour se libérer de ses obligations.
C'est une considération morale que nous ne pouvions pas
passer sous silence.

Nous admettons ici , nécessairement, comme dans plusieurs passages de ces commentaires , et chacun l'admettra
probablement aussi avec nous , que nous devons raisonner,
dès maintenant, dans l'hypothèse où la loi de l'expropriation forcée sera promulguée et appliquée dans les colonies.
C'est une nécessité impérieuse de leur situation depuis l'é-

mancipation. Cette loi sera une des institutions qui pro-
tègera plus particulièrement l'organisation définitive du
travail libre, assurera d'une manière plus équitable et
plus solide les droits de tous, propriétaires et travailleurs.

Il n'est pas dit que les titres provisoïres ne soient pas
transmissibles ; donc ils jouissent naturellement de ce privilége légal, dont la négation eût porté atteinte aux droits
sacrés de l'hérédité. Les héritiers auront à se conformer,
naturellement, aux clauses et obligations de la concession
au lieu et place du défunt concessionnaire.

L'article 26, § 2, du décret colonial du 5 avril 1839 consacre que les concessions seront faites à titre provisoire, et
qu'il ne pourra en être disposé à l'égard des tiers soit directement, soit indirectement. Les projets des commissions
de janvier et de mai 1849 consacrent également ces dispositions. Cet article de l'arrêté ne fait donc qu'appuyer plus
spécialement sur ces importantes dispositions.

« Art. 21. Les titres définitifs de concession ne seront
« délivrés qu'après une enquête constatant l'exécution des
« prescriptions du présent arrêté, et sur le rapport motivé
« du conseil municipal provisoire. »

Cet article détermine les formes administratives qui sta-
tueront sur la concession difinitive.

La loi du 21 août 1825 n'est plus applicable dans les
quelques articles qui ont trait à ce sujet, et le décret colonial du 5 avril 1839 est incomplet à cet égard. Il prescrit,
en effet, que ce serait le concessionnaire qui justifierait
qu'il a rempli les conditions imposées.

L'arrêté du 4 novembre statue avec plus de raison que la
concession ne sera déclarée définitive qu'après une enquête
administrative, et de plus sur le rapport motivé du conseil
municipal provisoire.

Le Domaine et le concessionnaire sont aussi entourés de
toutes les garanties désirables d'impartialité sur la situation
réelle de l'exécution des charges.

« Art. 22. Pendant les quatre années durant lesquelles
« les concessions ne seront que provisoires, tout conces-
« sionnaire sera déchu de ses droits, s'il ne satisfait pas
« aux obligations successives du présent arrêté, et notam-
« ment à celles de l'article 23.

« La déchéance ne sera prononcée qu'après l'accomplis-
« sement des formalités prescrites à l'article 21. »

La déchéance sera entourée des mêmes garanties que la
concession définitive. Elle est prononcée administrative-
ment pour éviter des frais, des lenteurs et des complications

de toutes sortes. Cette disposition est d'ailleurs conforme à celles prescrites par l'ordonnance organique du 21 août 1825 — 22 août 1833, et elle n'est de plus que la reproduction de l'article 28 du décret colonial du 5 août 1839.

Le retour au Domaine devait s'opérer sans indemnité ; car la concession était gratuite, provisoire et renfermant cette condition. C'est la reproduction de l'article 27 du décret colonial du 5 août 1839, § 2.

Pour forcer les concessionnaires au travail et pour hâter la colonisation, le principe de la déchéance des droits du concessionnaire devait être admis pour le cas de contravention ou de non exécution des dispositions fondamentales de l'arrêté de concession : c'était une nécessité.

Le décret colonial concernant les terres du Domaine situées à Cilaos (2 septembre 1840) ne prescrit aucune disposition pour le retour au Domaine, en cas de non exécution des prescriptions. Il faut admettre, dès lors, qu'il se reporte à l'article 27 du décret colonial du 5 août 1839 et à l'article 33 de l'ordonnance organique du 21 août 1825 — 22 août 1833 : car ce serait un oubli, une omission impardonnable.

Le décret colonial concernant la concession de Salazie (8 juillet 1839), article 22, dit seulement que le concessionnaire perdra son droit à la portion non cultivée de la concession, et il impose la mise en valeur du tiers des terres concédées dans l'espace de deux années.

Ces dispositions étaient mal conçues ; aussi n'ont-elles jamais été excutées. Demander la mise en culture du tiers des terres cultivables d'une concession en deux années, c'est trop sévère et ne prononcer la déchéance que pour les terres non cultivées ne l'est pas assez.

Dans un pays où les conditions des concessions ont, en général, presque sans cesse été éludées, il fallait poser des prescriptions positives, mais possibles et justes. La déchéance ne saurait être admise que complète : partielle, elle morcellerait les concessions et détruirait l'économie des réserves domaniales, entraînerait mille complications. C'est un principe qui doit être posé et maintenu.

Que si l'Administration le juge plus tard trop sévère, non pas en général, mais pour des positions intéressantes de concessionnaires, il lui sera toujours loisible ou d'y revenir par un arrêté d'abrogation, ou d'accorder des délais, soit partiels, soit généraux de mise en règle, sur la considération des motifs allégués. Ce qu'il faut, avant tout, c'est que la colonisation soit bien commencée, c'est qu'elle soit prise au sérieux par les habitants concessionnaires. C'est à ce point

capital que doivent tendre tous les efforts de l'Administration.

« Art. 23. Tout concessionnaire, sous peine de déchéan-
« ce, et sans indemnité pour les travaux déjà exécutés,
« pour les journées déjà fournies, ou pour les sommes dé-
« jà payées, est tenu :

« 1° De prendre possession de son terrain dans les trois
« mois de la délivrance qui lui en aura été faite ;

« 2° De défricher et de mettre en bon état de culture,
« dans le délai de quatre années à partir du jour de sa mise
« en possession, la moitié, au moins, du terrain concédé,
« savoir : un dixième pendant la première année, un quart
« pendant la seconde, et le surplus pendant la troisième
« et la quatrième année. »

Les obligations imposées aux concessionnaires, prendre
possession du terrain dans le délai de trois mois, défricher
le dixième dans le délai d'une année, le quart dans celui
de deux années, et la moitié dans celui de quatre années
sont indispensables à admettre. Elles sont d'ailleurs justes,
et leur accomplissement est facile, si, comme le veut l'arrêté, chaque concessionnaire n'a demandé et n'a obtenu
que la quantité de terrain que ses moyens lui permettaient
d'exploiter.

Il a été dit que plusieurs habitants n'avaient pas sollicité
de concessions, lesquels le désiraient du reste, trouvant les
obligations imposées trop dures à remplir, même diffi-
ciles à exécuter. Ces craintes n'étaient pourtant ni fondées,
ni sérieuses. Ces habitants n'ont pas assez réfléchi sur ces
obligations. En y songeant de nouveau ils se convaincront,
avec nous, que ces obligations ne sont précisément que celles qu'ils devraient s'imposer eux-mêmes s'ils veulent réussir dans un temps donné. Le succès est à ces conditions.

Les obligations devaient être échelonnées par époques,
afin d'être plus faciles encore à remplir par le concessionnaire, et plus faciles aussi à surveiller par l'Administration. Les travaux commencés exciteront à continuer, si
tout concessionnaire est bien persuadé que la non-exécution
de ses obligations peut infailliblement lui faire perdre sa
concession.

Cette mesure des obligations progressives, qui ne se trouve qu'indiquée dans les décrets relatifs à Salazie et à Cilaos,
et dans celui du 5 août 1837, assurera l'exploitation particulière des concessions, et par conséquent la colonisation
générale des deux plaines. Le Pays pourra compter obtenir,
dans un délai prévu, les divers résultats avantageux qu'il
doit espérer de l'accomplissement de cette entreprise.

« Art. 24. Les concessionnaires resteront responsables de
« la conservation des bois existants, ou de ceux replantés, sur
« tous les terrains réservés compris dans leurs concessions,
« ou dans le prolongement de leurs lignes de bornes. »

« Art. 25. Tout concessionnaire est tenu de conserver en
« bois debout le dixième, au moins, de son terrain, à prendre
« en totalité, soit dans la partie haute ou dans la partie basse
« de sa concession. »

« Les terrains de 30° à 35° appartenant aux concessionnai-
« res feront partie de droit du dixième réservé. Le surplus
« ne pourra être défriché qu'à la charge par le concessionnaire
« de replanter, dans les six mois, et d'entretenir en bon état
« de culture, des caféiers, mûriers ou autres arbres utiles,
« dont les essences seront approuvées par le conseil munici-
« pal provisoire. »

Pour éviter d'arriver à un déboisement complet, l'Administration a voulu que les concessionnaires demeurassent responsables des bois debout sur les diverses réserves domaniales
stipulées dans l'arrêté, et de plus que le dixième de la surface
de toute la concession fût conservé en bois debout. Les pentes et les terrains de qualité inférieure fourniront de droit
cette réserve conservatrice.

Mais, chaque fois que cela sera possible, cette réserve sera
prise à partir du chemin, dit sommet des propriétés, dont il
sera parlé, pour la plaine des Palmistes, à l'article 45. Les
réserves boisées seront réunies de la sorte, la végétation en
sera favorisée, la localité jouira des avantages de petits bois
parsemés dans un pays plat, et leur action météorologique en
sera plus grande et plus efficace. Elles présenteront l'aspect
de grandes bandes de bois coupant la pente générale du terrain, retenant les terres, et se trouvant presque perpendiculaires à la direction des vents généraux. Tous ces faits sont
très importants.

La limite des concessions, dans la Colonie, s'étendait, dans
ces derniers temps, jusqu'à 45°, et les terrains de 30° à 35°
faisant partie des concessions ne devaient être défrichés qu'à
la charge d'être replantés (1). L'Administration a pensé que
ces angles étaient trop grands : elle a cru prudent et sage de
réduire à 35° la limite des terrains à concéder, et à 25° celle
des défrichements dans les concessions. Salazie, Cilaos, pour
ne prendre des exemples que dans nos terres intérieures les
plus connues, démontrent aujourd'hui que les défrichements
inconsidérés ne peuvent que nuire à une localité. La conser-

---

(1) Décret colonial concernant les terres du Domaine situées à Cilaos,
articles 2 et 4 (2 septembre 1840).

vation des eaux se lie à la conservation des forêts, et ces deux éléments de richesse et d'avenir doivent être ménagés avec la plus extrême circonspection (1). La violence de nos avalaisons de l'hivernage a fait promptement des roches nues et arides de ces pentes rapides qui ont été inconsidérément déboisées.

Le décret concernant la concession de Salazie porte qu'un cinquième des terres sera réservé en bois debout. Cette proportion est trop grande, si les autres dispositions contre le déboisement sont observées, ce que toute législation doit préalablement admettre. Il prescrit que les terrains de 45° et au-dessus ne seront pas défrichés, à moins d'y replanter des caféiers ou autres arbres ; enfin il porte prohibition absolue de défrichement pour les pentes de 60° et au-dessus.

Le décret concernant les terres du Domaine situées à Cilaos porte que les terrains dont l'inclinaison est de plus de 45° ne seront pas concédés, et que ceux de 30 à 45°, faisant partie des concessions, ne pourront être défrichés, à moins d'y replanter des caféiers ou autres arbres.

Enfin la commission de janvier 1849, plus sévère encore sous ce rapport (et même trop sévère, car il est toujours nuisible d'introduire une prescription qui ne saurait être exécutée), demandait que les terrains réservés au Domaine fussent étendus à ceux dont l'inclinaison est de 20 à 25° au plus, et elle voulait que les terrains compris dans cette limite ne pussent être défrichés qu'à la charge par le concessionnaire de replanter, dans l'année, des arbres forestiers ou fruitiers et des caféiers.

« Art. 26. Le concessionnaire qui voudra former à ses
« frais des réservoirs artificiels dans des excavations situées
« sur les réserves domaniales dans le prolongement de ses
« lignes de bornes, où l'eau ne séjourne qu'accidentellement,
« devra en obtenir l'autorisation du Directeur de l'intérieur.
« Il aura alors la jouissance exclusive des ressources d'eau
« ainsi créées. »

Voulant appeler l'intérêt personnel pour encourager les concessionnaires à se créer, par des travaux, de nouvelles ressources en eau dans ces régions dont les ravines coulent sur des lits de laves, et sont sèches les trois quarts de l'année (2), l'arrêté fait aux réserves générales l'exception de cet article. Pour rendre cette disposition plus efficace, il est seulement demandé de se pourvoir devant le chef de l'Adminis-

---

(1) Ruyneau de Saint-George. — Projet d'adresse à M. le Gouverneur. Conseil colonial, 22 décembre 1847.

(2) Voir les Etudes sur les deux plaines.

tration intérieure, et il est fait exception à l'article 137 de l'ordonnance du 31 août 1828, au sujet du mode particulier de procéder à l'égard des demandes concernant les concessions.

« Art. 27. Les concessionnaires se devront réciproque-
« ment passage, soit pour aller aux ressources en eau apparte-
« nant aux domaines, soit pour la conduite des eaux d'une
« concession à une autre. En cas de contestation, le conseil
« municipal provisoire déterminera la direction à donner aux
« passages et aux conduites. »

Voulant éviter des contestations ultérieures et aller au devant des expropriations forcées, l'arrêté pose en principe que toute concession aura pour servitude perpétuelle d'être traversée, sans indemnité, par les passages des chemins et des conduites d'eau qui pourraient, dans l'avenir, être reconnues utiles. La concession gratuite des terrains, et la nécessité d'assurer la colonisation autorisait le Gouvernement à admettre cette utile prescription. Elle ne fait pas, d'ailleurs, exception aux précédents législatifs sur cette matière; elle n'est que la reproduction littérale de l'article 7 du décret colonial du 2 septembre 1840, et de l'article 19 du décret du 8 juillet 1839, décrets relatifs aux concessions de Cilaos et de Salazie.

« Art. 28. Sur la proposition du conseil municipal pro-
« visoire, les concessionnaires fourniront, au prorata de l'é-
« tendue de leur terrain et du nombre de leurs animaux,
« pour servir à l'acquittement des charges communales, un
« nombre de journées et de redevances qui seront réglées
« annuellement par le Gouverneur. •

« Les concessionnaires des deux plaines fourniront, dans
« la première année de leur séjour, le nombre de journées
« fixé par le conseil municipal provisoire, pour opérer le
« défrichement du terrain où doit être fondé le bourg dans
« la plaine des Palmistes. »

L'expression au *prorata de l'étendue de leur terrain* se rapporte à l'évaluation à faire pour les concessionnaires de la plaine des Palmistes, et celle au *prorata du nombre de leurs animaux* s'applique aux concessionnaires de la plaine des Cafres. L'article 38 fixe, en effet, le nombre des animaux que les concessionnaires de chaque catégorie doivent posséder, mais il donne des chiffres minima; tandis qu'il est loisible aux concessionnaires d'avoir un nombre illimité d'animaux. C'est ce qu'établit positivement le second paragraphe de cet article, sauf, y est-il dit, la redevance de l'article 28 en faveur de la commune.

L'obligation faite aux concessionnaires des deux plaines de concourir au défrichement du terrain où doit être fondé le bourg dans la plaine des Palmistes , est la conséquence naturelle de l'article 48 , qui appelle les concessionnaires des deux plaines à y posséder un emplacement.

Les projets des commissions de janvier et de mai 1849 indiquent ces prescriptions , mais d'une manière incomplète. Elles ne sont, du reste, que la reproduction de l'article 7 du décret colonial du 11 octobre 1836.

Quoiqu'elles ne soient, si l'on veut , que l'application des principes du chapitre 2 , il était important , néanmoins, de les énoncer et d'en faire une des obligations générales imposées aux concessionnaires. Les bases et les règlements des répartitions communales ordinaires ne sont nullement changées, seulement il y est ajouté, et c'est le point important, que, eu égard à leur position de concessionnaires, les habitants des deux plaines concourront à l'acquittement des charges communales au prorata de l'étendue de leur terrain, et du nombre de leurs animaux , c'est-à-dire selon l'importance de leur situation comme concessionnaires.

CHAPITRE VI.

Pénalité.

« Art. 29. Toute contravention aux prescriptions du pré
« sent arrêté sera punie d'une amende de cent francs et au
« dessous, ou d'un emprisonnement qui ne pourra excéder
« quinze jours.

« L'amende et la prison pourront être cumulées, selon la gravité des faits.

« La récidive entraînera toujours le maximum ; le tout
« sauf les cas prévus par les articles 445 à 451 du Code pénal. »

On est obligé de convenir que, dans la Colonie, les diverses dispositions relatives aux conditions imposées aux concessionnaires n'ont jamais été , en aucun temps , réellement exécutées, quelque justes et quelque bienveillantes qu'elles fussent, que souvent même elles ont été considérées , dès l'origine , comme des lettres mortes. Le Gouvernement , (comme, du reste, les commissions du Conseil colonial et celles de janvier et de mai 1849) a donc jugé qu'il était indispensable de fixer des peines pour les contraventions aux prescriptions du présent arrêté, et particulièrement pour celles relatives à la conservation des eaux et forêts.

L'arrêté du capitaine-général Decaen, du 14 vendémiaire an XIII, sur la conservation des eaux et forêts, et sur la police de la chasse et de la pêche, n'a jamais régi que l'Ile-de-France. Le Code forestier de la Métropole, et les ordonnances relatives à son exécution ; n'ont jamais été promulgués dans la Colonie. Une loi générale et spéciale sur la conservation des eaux et forêts est donc encore à faire pour la Réunion: c'est une lacune, entre autres, dans sa législation.

Mais il résulte de cette situation que tout arrêté de l'Administration concernant un nouvel état de choses qui a trait, par quelque rapport, à cette conservation, contient toujours forcément des dispositions pénales contre les contraventions à la législation promulguée.

Les lois coloniales en vigueur fournissent les données ou les précédents de la pénalité prononcée par l'arrêté du 4 novembre contre les contraventions à ses dispositions. Ce sont: l'arrêté du 1er novembre 1807, relatif à la législation des délits préjudiciables au domaine de l'Etat (1); le décret colonial du 2 septembre 1840 (article 10), concernant les terres du Domaine situées à Cilaos; enfin le décret colonial du 8 juillet 1839 (article 18), concernant la concession de Salazie.

L'arrêté prononce une pénalité dont les maxima sont calculés de manière à ne pas constituer des délits, mais seulement des contraventions, que dès lors les tribunaux de simple police eussent à en connaître. Il prononce l'application des articles 445 à 451 du Code pénal, comme régissant particulièrement la matière.

---

(1) Nous nous sommes servi plusieurs fois des expressions *domaines, domaine colonial, etc.;* en voici la définition, selon M. Delabarre de Nanteuil dans sa Législation de l'île Bourbon.

« Le *domaine colonial* se compose, depuis 1826, de presque toutes les propriétés qui appartenaient auparavent à l'Etat ou au Roi.

« Le *domaine de l'Etat* ne s'applique communément qu'aux choses que le Gouvernement possède, à peu près de la même manière que les particuliers, dont les produits entrent dans le trésor royal, mais qui ne sont pas hors du commerce, et peuvent en conséquence être aliénées et prescrites; tandis qu'il n'exerce sur le *domaine public* qu'un pouvoir d'administration, dans l'intérêt de tous les membres de la société.

« Les chemins, routes et rues à la charge de l'Etat, les fleuves et les rivières navigables ou flottables, les rivages, les lais et les relais de la mer, les ports, les hâvres, les rades, et généralement toutes les portions du territoire français qui ne sont pas susceptibles d'une propriété privée, sont considérées comme des dépendances du domaine public. (Code civil, 538.) »

Nous ajouterons encore pour compléter ces distinctions :

« Le *domaine communal* se compose des biens qui forment le patrimoine d'une commune, qui constituent ses ressources, et dont la conservation, la régie et l'administration sont dans les attributions de l'autorité municipale. (Code civil, 542.) »

« Les *biens communaux* ne doivent pas être confondus avec les *biens des communes*. Les premiers sont ceux qui se louent, s'afferment ou s'exploitent régulièrement au profit des communes, tandis qu'on entend plus spécialement par le mot unique *communaux* les biens-fonds dont les habitants jouissent en commun. (Code civil, 2227.) »

« Art. 30. L'existence des contraventions sera constatée
« au moyen de procès-verbaux rapportés, soit par le syndic
« de la colonisation, soit par les gardes du Domaine ou tous
« autres agents de la force publique.

« Les procès-verbaux seront affirmés, dans les 48 heures,
« devant le syndic de la colonisation.

« Art. 31. Si le délit consiste dans la destruction d'un ou
« de plusieurs arbres dans les terrains réservés, le délinquant
« sera, en outre, condamné à replanter d'autres arbres, dans
« un délai qui ne pourra excéder six mois.

« Art. 32. Les amendes appartiendront par tiers au trésor
« colonial, à la commune et à ceux qui auront constaté les
« contraventions. »

L'affirmation des procès-verbaux devant le syndic de la
colonisation est la conséquence des attributions diverses qui
lui sont conférées par le chapitre 2. La grande distance qui
sépare les deux plaines des justices de paix de Saint-Benoît
et de Saint-Pierre prescrivait d'ailleurs cette disposition, afin
d'empêcher que les agents de la force publique ne fussent sans
cesse dérangés de leur service pour aller affirmer leurs procès-
verbaux.

L'art. 31 ajoute, comme mesure conservatrice, que, quand
le délit consistera dans la destruction de bois debout, le délinquant sera, de plus, condamné à un reboisement effectif
et réel.

Enfin l'article 32 fixe une répartition égale des amendes
pour assurer les droits du Gouvernement, une récompense
aux agents de la colonisation et de la force publique, enfin
des ressources à la commune.

L'article 12 de l'arrêté du 1er novembre 1807 ne parle, au
sujet de l'emploi des amendes, que des agents qui ont constaté la contravention, et il leur attribue un tiers des amendes.

La commission de janvier 1849 complétait la première partie de son travail en indiquant les pénalités à encourir par
suite des contraventions aux dispositions de son projet d'arrêté;
elle indiquait par qui les contraventions seraient constatées;
elle prescrivait la répartition par tiers, entre le trésor, la
commune et les agents, enfin l'obligation de replanter les arbres
abattus ou détruits, etc.

La commission de mai 1849 a adopté ces mêmes dispositions
en les développant et en les consignant dans un chapitre spécial.

L'arrêté du 4 novembre n'est encore ici, comme cela devait
être, que la combinaison de ces projets divers, et des lois
coloniales encore en vigueur, que nous avons relatées plus
haut.

TITRE III.

De la plaine des Cafres.

CHAPITRE VII.

Réserves particulières.

« Art. 33. Treize cents hectares seulement des terres de
« la plaine des Cafres seront susceptibles d'être concédés. Le
« surplus sera affecté à des pâturages communs, exclusive-
« ment réservés aux troupeaux des concessionnaires. »

Le but principal de la colonisation de la plaine des Cafres
est de favoriser l'élève des bestiaux et des animaux domestiques, et d'opérer le reboisement de certaines portions de
terrains, où cette mesure serait reconnue utile.

La première destination donnée à cette localité résulte de
sa hauteur et de son climat, de la composition et de la qualité du sol, des essais pratiques de cultures et d'éducation
d'animaux qu'on y a faits.

« L'élève du bétail doit y réussir. Depuis plus de sept
années MM. de Kvéguen, Paul Reilhac et Cabeu font des
expériences sérieuses, et le succès, hâtons-nous de le dire, a
dépassé les prévisions. Plus de soixante bêtes à cornes errent
actuellement dans les savanes de la Plaine. Ces animaux sont
gras, sains et bien portants. Aucune maladie épizootique ne
les a atteints.

L'éducation des autres animaux domestiques, chevaux,
porcs, chèvres, volailles, etc. a également donné des résultats
des plus satisfaisants. » (1)

La seconde destination donnée à cette localité a pour but
d'essayer de rétablir l'ancien équilibre qui y existait jadis entre
les pluies et les sécheresses. Nous sommes convaincu, ainsi
que nous l'avons développé dans les Etudes sur les deux plaines, que, si le déboisement complet des huit à neuf dixièmes
du cirque de la plaine des Palmistes ne peut avoir aucune
influence météorologique sur les autres parties de l'Ile, les
reboisements partiels de certaines parties de la plaine des
Cafres pourraient avoir les plus heureux résultats.

C'est dans cette pensée que l'arrêté du 4 novembre prescrit
les réserves de terrains nécessaires à la création de grandes
lignes d'arbres pour tenter, dit-il, le rétablissement de l'équilibre météorologique entre les pluies et les sécheresses de
cette portion de l'Ile. C'est toujours dans cette pensée de

---

(1) Textor. Etudes sur les deux plaines, pages 79 — 81.

refaire, en partie, l'œuvre détruite de la nature, qu'il prescrit
que les pentes rapides ne seront pas concédées ; que celles
moins rapides ne seront défrichées qu'à la condition d'y planter des arbres utiles ; que les eaux des sources, des ravines,
et tout cours d'eau, même intermittent, aura une réserve
boisée sur l'une et sur l'autre rive, de manière à être ombragé
dans tout son parcours, etc.

Ces plantations se trouveraient au point culminant de cette
portion de l'Ile ; elles agiraient physiquement sur la direction des
vents, sur la formation des nuages et des vapeurs, et elles auraient, sans doute, assez d'influence pour remplir le but
essentiel qu'il faut se proposer d'atteindre. Elles auraient,
au moins, pour résultat incontestable, et cette appréciation a
aussi son importance, de donner des ressources en bois (dont
cette localité est presque dépourvue), de fournir un abri et
de l'ombre aux troupeaux des concessionnaires.

Les lignes d'arbres devraient être plantées de 400 à 500
mètres, par exemple, les unes des autres, selon la nature du
terrain, et rectangulairement coupées par d'autres lignes d'arbres espacées aux mêmes distances. La Plaine serait ainsi partagée en grands rectangles.

Qu'on ne pense pas que ce reboisement soit un projet inexé-
cutable. Il ne présente même rien de grandiose, ni de difficul-
tueux, en comparaison de l'immense résultat à obtenir. —
Que faut-il ? Planter quelques hectares de bonnes essences
de forêts à la végétation active et rapide, dans quelques endroits sagement étudiés et reconnus utiles. Ces plantations ne
seraient qu'une affaire de temps, et l'étude du terrain serait
chose peu difficile. Cependant, quand même ces plantations
seraient faites sans étude aucune, mais placées seulement sur
les rives des ravines, et sur les sommités (pitons, mamelons
ou remparts actuellement déboisés) de cette portion de l'Ile,
il est probable, avant quelques années, que l'influence de
ces taillis, futures forêts, serait assez grande pour rendre les
sécheresses moins fortes et les pluies plus fréquentes (1).

M. de Greslan disait au Conseil colonial, le 8 juin 1836, au
sujet de la discussion du décret, devenu celui du 5 août 1839 :

« La commission a senti que la réserve du pas géométrique était nécessaire à la défense militaire du Pays ; la conservation du Pays, l'étendue des bois qui arrêtent les pluies et
qui protégent les sources et les rivières, n'importait pas
moins à sa prospérité agricole..... Le Gouvernement ne devrait pas se contenter de rendre inconcessibles les réserves ;
il devrait, sollicité qu'il est à cette mesure par la partie pré-

---

(1) Textor. Etudes sur les deux plaines, page 78.

voyante de la population, faire de grandes plantations sur tous les terrains déboisés qui appartiennent encore au Domaine. Le Conseil ne lui refusera jamais les fonds nécessaires à cette utile opération. »

Nous reviendrons, à la discussion de l'article 40, sur le système de colonisation de la plaine des Cafres au point de vue légal.

« Art. 34. Il sera fait dans la plaine les réserves suivan-
« tes :
« 1° Cent hectares qui pourront être ultérieurement consa-
« crés à des établissements publics ;
« 2° Soixante hectares pour le cas où la commune deman-
« derait plus tard la fondation d'un bourg ;
« 3° Les terrains nécessaires à la création de grandes lignes
« d'arbres pour tenter le rétablissement de l'équilibre météo-
« rologique, entre les pluies et les sécheresses, dans cette por-
« tion de l'Ile. Ces terrains seront réservés, alors même qu'ils
« feraient partie d'une concession, à l'exception toutefois des
« bâtiments existants;
« 4° Cent hectares au profit de la commune qui seront ina-
« liénables. »

Ces diverses réserves, qui deviendraient domaniales ou communales, selon leur destination, serviront à créer des ressources nouvelles à la commune, en lui donnant des biens fonciers.

Les communes de la Réunion sont peu riches actuellement; l'émancipation des esclaves a enlevé leur plus grand revenu, celui de la capitation. Le revenu de la taxe personnelle est impuissant à le remplacer. Si le Gouvernement ne fût pas venu à leur secours par le célèbre arrêté du 13 décembre 1850 qui crée, sous le titre d'octroi municipal, un nouvel impôt indirect sur la consommation, on peut dire, en toute assurance, que presque toutes les communes de la Réunion auraient actuellement plus de charges que de véritables revenus, et qu'elles se trouveraient dans l'impossibilité de faire face à tous leurs engagements. Cet impôt, aujourd'hui généralement approuvé, et qui est destiné à devenir un des monuments qui témoignera de l'initiative intelligente, de la haute connaissance des véritables besoins de la Colonie de l'administration de M. le gouverneur Doret, a pu seul venir mettre un terme à la déplorable situation des finances des communes.

L'arrêté du 4 novembre cherche donc à créer, dès le principe, des biens fonciers à la commune dont les revenus puissent un jour lui venir en aide. Les articles 43 et 48 sont l'application de cette pensée.

CHAPITRE III.

Mode particulier de concession.

« Art. 35. Les concessions seront faites généralement au-
« tour des pitons ou mamelons qui existent dans la plaine des
« Cafres , aux endroits présumés les plus avantageux aux
« concessionnaires. Les concessions seront déterminées par
« les soins de la direction des ponts et chaussées. »

Le système des pâturages communs , indiqué dans le projet
de la commission de janvier 1849 et développé dans celui de
la commission de mai 1849, a été complété , autant qu'il était
possible , dans l'arrêté du 4 novembre 1851. La première
commission , en effet, consacrait que la plaine des Cafres n'é-
tant pas entièrement propre à la culture , la partie centrale
demeurerait la propriété du Domaine, pour servir au paccage
des troupeaux. La seconde commission proposait de concéder
un tiers des terrains de la Plaine, et de mettre les deux autres tiers en pâturages communs.

L'arrêté du 4 novembre ne concède que treize cents hectares (dont 990 hectares pour les concessions et 310 pour les
réserves particulières), et il affecte exclusivement le surplus
des terres de la plaine des Cafres aux pâturages communs.

L'article 35 précise positivement que les lots de concession
seront placés dans les endroits présumés devoir être les plus
avantageux aux concessionnaires. Il indique qu'ils seront
placés généralement autour des pitons , parce que, dans cette
localité , les terres y sont plus belles et plus profondes , que
les bois et les laves y seront à pied d'œuvre pour les constructions, que les plantations et les habitations y seront mieux
abritées dans les mauvais temps.

Cette pensée de l'Administration a été parfaitement saisie
par M. Lambert , ingénieur par intérim du 3ᵉ arrondissement,
dans le travail qu'il a fait pour déterminer les concessions.
On trouve dans la lettre d'envoi du plan des lieux cette appréciation : « J'ai pensé qu'au début d'une industrie de cette
nature, il fallait choisir, pour en assurer le succès , les endroits qui présentaient le moins de difficultés d'exploitation ;
car, dans ce beau pays de la Réunion, où la vie est généralement si facile et les besoins si restreints, les transitions de
l'enthousiasme à l'indifférence sont promptes , et pour peu
que quelques obstacles surgissent, on abandonne, au moment
de recueillir le fruit de son travail, une entreprise qui a été
souvent l'objet d'une vive sollicitude et qui a coûté des peines
et des soins. »

« Art. 36. Il y aura, en principe, cinq catégories de con-
« cessions de vingt-deux lots chacune, savoir :

  1re catégorie 22 lots de 15 hectares — 330 hectares.
  2e — 22   12 — — 264
  3e — 22   9 — — 198 —
  4e — 22   6 — — 132 —
  5e — 22   3 — — 66 —
                                 990

La commission de janvier 1849 proposait de faire les concessions de 6 à 25 hectares. Cinq hectares eussent représenté
le terrain nécessaire à la subsistance des colons qui auraient
obtenu le maximum, et le surplus eût été converti en prairies
pour l'alimentation des bestiaux à l'époque des gelées. Elle
n'admettait qu'en partie le système des pâturages communs,
et n'y affectait que la partie centrale de la Plaine, comme n'é-
tant pas propre, dit-elle, à la culture (1).

La commission de mai 1849 a proposé de concéder par catégories de 3, 6, 9 et 12 hectares. C'est la conséquence naturelle de l'admission plus complète de la libre pâture.

L'arrêté du 4 novembre a ajouté une première catégorie de
15 hectares, dans le but d'appeler dans cette localité les capitaux des grands propriétaires du littoral. MM. de Kvéguen,
Cabeu, Paul Reilhac remplissent, dès maintenant, par le nombre des animaux qu'ils ont mis dans la Plaine, les conditions
imposées pour cette catégorie.

La fixation de 3 hectares est prise de la discussion de la loi
du 5 août 1839, dans l'amendement de M. de Greslan, à l'article 22 du projet. L'amendement fut rejeté ; mais ce chiffre
est resté depuis comme le minimum de l'étendue des concessions nouvelles à faire dans la 3e catégorie des biens domaniaux. Nous reviendrons sur ce sujet à l'article 46.

Un hectare de terre cultivé en plantes fourragères et en
jardinage doit facilement donner, à la plaine des Cafres, la
nourriture à l'écurie pour deux vaches pendant une année.
Trois hectares doivent donc suffire à tous les besoins du concessionnaire de la 5e catégorie, si l'on considère, de plus,
qu'il aura à sa disposition un immense pâturage commun pour
faire paître ses animaux. L'arrêté devait cependant, comme il
l'a fait, compter très largement ; car pendant la moitié de l'année environ, la végétation est presque arrêtée à la Plaine. Il
était nécessaire que le concessionnaire eût, dès lors, les
moyens de se créer des approvisionnements pour suppléer à

____

(1) Etudes sur les deux plaines, page 84.

la rareté des pâturages, et pour les jours aussi où les mauvais temps l'empêcheraient de faire sortir ses troupeaux.

« Art. 37. Les concessionnaires auront droit, dans le bourg
« qui sera fondé dans la plaine des Palmistes, à des empla-
« cements d'une catégorie correspondante à celle de leur con-
« cession. »

La nécessité qu'il y avait à augmenter l'importance du bourg, chef-lieu de commune, d'y créer, le plus tôt possible, un centre de population qui pût influer sur l'avenir de ces localités intérieures et rallier les villes de Saint-Pierre et de Saint-Benoît, a donné lieu à cette prescription d'y appeler pour premiers habitants les concessionnaires des deux plaines.

CHAPITRE IX.

Obligations particulières imposées aux concessionnaires.

« Art. 38. N'auront droit à obtenir des concessions que
« les pétitionnaires qui prendront l'engagement, à réaliser
« dans le délai de la première année, d'entretenir constam-
« ment, savoir : les concessionnaires de la cinquième caté-
« gorie, deux vaches, au moins, ou quatre truies et six bre-
« bis, ou quatre truies et six chèvres, et ceux des catégories
« supérieures, un nombre proportionnel d'animaux, en pre-
« nant pour base cette fixation minimum.
« Le nombre des animaux mâles ou hongres est à la dispo-
« sition des concessionnaires, sauf la redevance de l'article
« 28 en faveur de la commune. »

La mise en culture ou l'exploitation était la condition capitale imposée à presque toutes les anciennes concessions faites dans l'Ile. Seulement cette expression n'était pas définie, et les espèces de plantes à cultiver, les quantités de terrain à mettre en valeur n'étant pas non plus stipulées, la non exécution de cette condition capitale devait nécessairement s'en suivre. C'est ce qui est arrivé. Dès 1724, on voit un arrêt du Conseil supérieur, qui prononce la réunion au Domaine de toutes les terres concédées où il n'y aurait pas 200 pieds de café rapportant fruits. Or, les concessions anciennes partaient du bord de la mer et allaient jusqu'au sommet de la montagne ou des montagnes, et même presque toutes celles faites depuis 1762 contiennent les mêmes abornements. Cette condition de mise en culture, réputée exécutée par la plantation de 200 pieds de café sur des concessions aussi considérables d'étendue, montre d'une manière évidente combien les concessions étaient peu cultivées dans ces premiers temps de la colonisation, et l'indulgence, ou plutôt la faiblesse, à laquelle le législateur était obligé de se condamner pour ne pas prononcer l'ostracisme du plus grand nombre des colons.

Cependant, qu'est-il advenu de ces faits ?

Une des grandes plaies dont notre agriculture coloniale a toujours souffert, et dont elle souffre encore, n'a pas d'autre origine, n'a pas d'autre cause : la liberté illimitée que chaque habitant a fini par s'arroger, de droit et de fait, de ne cultiver et de ne produire que ce qu'il croit lui être personnellement plus avantageux.

Cette liberté illimitée de production, rendue individuelle et non plus générale, ne peut être à la longue que fatale à un petit pays, à une colonie surtout qui n'existe, en définitive, car il ne faut pas s'abuser, qu'à la condition de produire pour le commerce métropolitain. En France même cette liberté illimitée n'existait pas, jusqu'à ces derniers temps, pour certaines plantes, pour le tabac, pour n'en citer qu'un exemple.

C'est dans les conséquences de cette liberté mal entendue, mal réglée, que nous voyons, quant à nous, une des raisons principales des catastrophes et des mécomptes que l'agriculture coloniale a eus à subir. De là, les changements successifs et répétés qu'elle a présentés dans ses cultures; de là, l'engouement subit pour l'exploitation de la canne à sucre ; de là l'abandon précipité, trop peu motivé, du café et du girofle (car nous pensons qu'il a été très peu fait pour combattre la désastreuse maladie des plantes, dites dans le pays des *bois noirs*); de là l'abandon des plantes à vivres ; de là, enfin, l'obligation où se sont toujours trouvées toutes les administrations anciennes et modernes de lancer des arrêtés coercitifs pour essayer d'assurer, au moins, la subsistance minimum de la Colonie , de l'empêcher d'être trop complétement à la merci de la spéculation et du monopole, des éventualités du commerce métropolitain ou étranger, pour les objets de première nécessité (1).

Les prescriptions importantes des articles 42 et 52, ou la destination agricole assignée positivement aux deux localités à coloniser (la plaine des Cafres consacrée à l'éducation des animaux, la plaine des Palmistes destinée à la culture des vivres), sont les conséquences naturelles de cette préoccupation constante, de cette sollicitude de l'Administration.

---

(1) Voici, à ce sujet, quelques citations tirées de la législation de Bourbon de M. de Nanteuil : Arrêt du Conseil supérieur, 1er décembre 1724; arrêt du Conseil supérieur, 13 août 1743; ordonnance locale du 10 avril 1771; décrets de l'Assemblée coloniale des 11 juin 1793, 18 août 1794 et 23 ventôse an III (14 mars 1795); arrêté du capitaine-général De Caen , 26 ventôse an XIV; ordonnance du 1er octobre 1816 ; loi du 28 janvier 1819, article 2; ordonnance locale du 23 décembre 1819; ordonnances de 21 août 1823 — 22 août 1833, article 31, etc.

Cette préoccupation légitime et avouée, en présence de *l'ac-croissement de la population de la Réunion qui fait un devoir à l'Administration d'utiliser, dans l'intérêt général, toutes les ressources que le pays possède*, est elle-même le principal consi-dérant de l'arrêté du 4 novembre 1851 : *considérant qu'il est urgent de garantir la colonie, autant que possible, des éven-tualités de l'importation étrangère des denrées alimentaires.*

La question de la hausse et de la baisse des subsistances a été depuis plusieurs années l'objet de discussions sérieuses de la part de l'Administration et de la presse locale. Cette question est placée trop haut dans notre économie intérieure, pour que nous voulions l'aborder, comme en passant, dans ces Commentaires. Cependant, à notre point de vue spécial, nous sommes obligé de mentionner, au moins, sa relation avec les colonisations qui nous occupent (1).

Cette grande question se résume, en dernier analyse, à cette solution : En cas de disette, ouvrir la Colonie aux subsistances venant de l'étranger.

Si telle est sa solution, et quant à nous, nous ne sachions pas qu'il en soit proposé d'autre, on nous permettra, sans doute, les appréciations suivantes sans en venir à discussion.

La loi ne fixe nullement les minima d'approvisionnements que la Colonie doit posséder. — Première difficulté au sujet de la constatation du moment où la disette commence, et où il doit être fait appel à l'étranger (2). — Les mesures ne se pren-nent qu'au moment même où la disette commence. Deuxième inconvénient capital; car ne faut-il pas compter avec des éven-tualités, illimitées puisqu'il faut que les navires étrangers con-naissent l'appel qui leur est fait, et qu'ils puissent y répon-

---

(1) Textor. Etudes sur les deux plaines, pages 10, 11, 12, 13.

(2) La loi de décembre 1819 fixait que tout propriétaire d'esclaves devait avoir six mois de vivres. L'esprit de cette loi peut exister encore pour les propriétaires qui emploient des engagés; mais cette loi n'engage plus et sa valeur légale est détruite.

La loi de janvier 1819 fixe que les boulangers de la Colonie sont obligés d'avoir, au moins, la quantité minimum de blé qu'ils débitent pendant quatre mois, et de plus qu'ils doivent justifier qu'ils ont fait leur approvisionnement de l'année.

Le riz est aujourd'hui, ainsi que chacun le sait, la nourriture prin-cipale de tous les habitants de la Colonie. Il entre dans l'importation étrangère pour près de 3,000,000 f. sur 4,500,000 qui est environ la va-leur totale de l'importation en denrées alimentaires, et il n'est rien dit, rien statué à cet égard.

Aujourd'hui la matière est donc régie seulement par l'article 31 de l'ordonnance du 21 août 1825 — 22 août 1833, qui donne au Gouverneur le pouvoir de régler l'exportation des objets de subsistance, et de prendre, en cas de disette, les mesures pour leur introduction, par l'ordonnance du 11 novembre 1824, et l'article 419 du Code pénal.

dre. La Colonie ne rentre-elle pas davantage encore dans cette voie funeste d'une trop grande exportation de ses capitaux à l'étranger, et dont nous ne pouvons développer ici toutes les fatales conséquences.

Nous signalerions bien encore d'autres inconvénients ; mais n'est-ce pas assez pour qu'on nous permette de dire : Que l'on prenne toutes les mesures qui seront jugées propres à assurer plus efficacement et à meilleur compte la subsistance de la population de la Réunion, mais cela étant fait, et en dehors de ces mesures quelconques et que nous ne pouvons apprécier ici, qu'on veuille y comprendre (même sans estimer le poids qu'elle pourrait avoir dans la balance, car c'est une question de temps et d'avenir), qu'on veuille y comprendre, disons-nous, la grande mesure que l'Administration a prise de coloniser de nouvelles terres pour *augmenter les produits de la Colonie en grains, fruits et racines alimentaires, et en animaux de boucherie.*

La commission de janvier 1849 proposait de soumettre les concessionnaires à l'obligation d'entretenir, et sous peine de déchéance, deux bêtes bovines, ou douze cabris, ou huit moutons, par chaque hectare de terre en sus des cinq hectares spécialement affectés à leur nourriture.

La commission de mai 1849 proposait deux vaches, quatre truies et six brebis ou chèvres, pour les concessionnaires de quatrième catégorie, et un nombre proportionnel d'animaux pour les autres catégories supérieures.

L'arrêté du 4 novembre a combiné ces deux propositions dans l'intérêt des concessionnaires, et en vue aussi de la production générale d'animaux de boucherie pour la Colonie.

« Art. 39. Des étables en rapport avec le nombre d'ani-
« maux exigé pour la catégorie de la concession, devront être
« terminées dans le délai d'une année, à partir du jour de
« la mise en possession. »

Le peu de soins que l'on donne généralement à la Réunion à l'éducation des animaux de labeur est tellement notoire, qu'assurer le logement des troupeaux était une nécessité pour le législateur, surtout en présence du climat de la plaine des Cafres, bien moins hospitalier que celui du littoral de l'Ile. L'arrêté fait donc une des conditions de la concession, l'obligation d'assurer un logement convenable pour le nombre d'animaux exigé par la catégorie du lot obtenu.

L'Administration eût voulu, sans doute, entourer cette industrie importante de nouvelles garanties, et pouvoir forcer le concessionnaire, souvent si peu connaisseur de ses véritables intérêts, à d'autres obligations propres à mieux assurer la réussite de l'élève des animaux ; mais là s'arrêtait son initiative et son intervention : le reste appartient à l'intérêt particulier.

C'est au comité d'agriculture, institué par l'article 58, à éclairer et à guider les concessionnaires dans la voie de l'exploitation de ces localités, à leur indiquer les meilleurs moyens de s'assurer les belles chances de succès qui leur sont présagées, et à les faire arriver enfin, par le fait seul de la réussite de la colonisation dans leur intérêt particulier, à affranchir la Colonie d'une partie des tributs onéreux qu'elle paie à l'étranger dans l'importation de ses denrées alimentaires.

C'est une belle mission à remplir.

Un grand nombre d'écrits et de mémoires spéciaux ont été publiés par les sociétés d'agriculture sur l'élève des animaux et sur l'art du régime. Nous ne citerons ici que quelques passages remarquables d'une brochure de M. Colson, créole des Antilles (*projet d'un établissement de réfrigération pour les colonies*), et que nous trouvons dans des *Etudes statistiques sur la population de Saint-Pierre (Martinique) par M. E. Rufz.*

« Quiconque (dit Colson, parcourt nos Antilles (nous dirons nous la Réunion et ses terres intérieures) reste frappé du luxe de végétation qu'il y rencontre sur tous les points ; mais, tout économiste qui se rend compte du parti à tirer de leur fécondité, est tout surpris de voir ces belles contrées, si riches en pâturages de toutes sortes, rester tributaires de l'étranger, non-seulement pour les besoins de la culture, mais encore pour une majeure partie de l'alimentation. *Son étonnement redouble quand il rapproche le chiffre des bœufs étrangers de la pauvreté de nos marchés ;* toujours si insuffisamment approvisionnés de viande fraîche.

« Et pourtant cette insuffisance de la race bovine n'est due ni aux épizooties, fort rares aux colonies, ni au peu d'avantages qu'offre l'éducation des bestiaux ; car nulle part au monde, que je sache, la viande de boucherie n'est cotée à un prix plus élevée, et nulle part l'alimentation des bestiaux n'est moins coûteuse. »

« On voit que M. Colson partageait l'erreur commune, la rareté de l'élève colonial dans le gros bétail. En effet, lorsqu'on lit dans les livres tous les soins, toutes les précautions, toutes les prévoyances qu'entraîne chez les peuples pasteurs l'élève du bétail, et lorsqu'on vient à porter les yeux sur ce qu'est cette industrie dans les colonies, et qu'on y voit nos bestiaux abandonnés sans abri à toutes les intempéries des saisons, sans fourrages, sans grains, sans racines réservées pour les temps où le pâturage est trop sec ou trop humide, sans

bergers pour les conduire sur les plateaux de mornes entourés de précipices, sans études vétérinaires, on est vraiment
étonné que l'élève du bétail soit encore aussi considérable. Il
faut toute l'autorité et tout le positif de la statistique pour
nous convaincre de ce résultat; il faut un ciel aussi clément
que le nôtre pour le permettre.

« Donc en donnant un peu plus de soin à cette partie de
l'agriculture, nul doute que la Colonie n'arriverait à se suffire
à elle-même pour sa consommation entière du bétail. Dans le
nombre des immigrants, il se trouvera, nous l'espérons,
quelque bouvier suisse, basque ou normand qui nous apprendra, entre mille autres bonnes choses, la manière d'élever
le bétail, suivant la destination qu'on lui veut donner ; car
c'est encore là une de nos ignorances.

« C'est un simple fermier d'Angleterre, un homme de génie,
Bakewell, de la paroisse de Dishley, qui est parvenu à créer
dans son pays, ces belles races d'animaux domestiques, les
vaches de Durham, les moutons de Dishley, qui n'ont pas
d'égales au monde et qui ont tant contribué à la prospérité de
l'Angleterre (1).

« Il y a un siècle environ, l'Angleterre n'avait point d'agriculture, et, pour ainsi dire, point de bestiaux. Un homme
parut, Bakewell, simple fermier de la paroisse de Dishley,
qui entreprit de créer dans son pays des races d'animaux
domestiques qui n'eussent pas d'égales au monde. Insouciant
de la beauté qui tient à la grâce et à la proportion des formes,
il eut uniquement en vue cette beauté, purement relative,
qui n'est dans un animal, que la conformation la plus parfaite pour l'usage auquel on le destine. Ainsi, dans les bœufs
réservés pour la boucherie, il voulut que les parties charnues
qui constituent les morceaux de choix se développassent avec
un volume énorme, au préjudice des parties basses, ou dites
de rebut. Après quinze années d'essais, il put montrer une
race nombreuse de bœufs dont la tête et les os étaient réduits
aux plus petites dimensions, les jambes courtes, la panse
étroite, la peau fine et souple, tandis que la poitrine était
vaste, l'intervalle qui sépare les hanches largement développé,
et les masses musculaires si considérables, qu'elles formaient
à elles seules plus des deux tiers du poids total de l'animal.
Bakewell jugea que les cornes des bœufs étaient inutiles et
souvent dangereuses ; il créa des espèces complètement dépourvues de cornes.

---

(1) M. E. Rufz. Etudes statistiques sur la population de Saint-Pierre
(Martinique).

« C'est encore à lui que l'Angleterre doit cette belle race de
gros chevaux qui font le service du roulage de Londres. La
réforme des bêtes à laine fut, sans contredit, la plus difficile
de ses entreprises, et le plus beau de ses triomphes. Lui
seul est parvenu à obtenir chez ses moutons de Dishley
la réunion de deux qualités que certains agronomes regardent encore comme presque incompatibles, la finesse
de la laine et le développement des parties charnues. La
graisse, concentrée dans ses parties, s'y ramasse sous forme
de pelotte serrée, et communique à la viande une saveur
très remarquable. Du reste, le procédé suivi par Bakewell
dans ses expériences consistait dans l'emploi simultané de
deux moyens, l'accouplement des animaux de choix dans la
génération, et, plus tard, un régime convenable. Son art,
purement empirique, était devenu un système entre ses mains,
et il l'avait réduit en principes.

« Que de sagacité, de tact, et, en même temps, d'activité,
d'obstination, que de génie, en un mot, n'a-t-il pas fallu
pour concevoir, pour diriger, pour achever avec succès une
œuvre si prodigieuse !

« Vantez-nous maintenant, s'écrie un écrivain anglais,
les Michel-Ange et tous ces statuaires qui façonnent la pierre
et le bronze ! N'est-ce pas aussi un grand statuaire, un mer-
veilleux artiste, ce Bakewell, qui sculpte la vie, qui manie,
non pas comme eux, la matière morte, inerte, sans réaction
ni résistance, mais les marbres animés, qu'il faut tailler dans
le vif, qu'il faut modeler jusque dans le sang, dans les nerfs,
dans le mouvement et la volonté ?

« Depuis cinquante ans, les idées de Bakewell ont été
appliquées dans toute l'Europe. L'art du régime a été poussé
à une étonnante perfection. On connaît maintenant, à des
signes certains, quels sont les animaux propres ou impropres
à l'engraissement; quelles conditions sont nécessaires pour
les amener à un degré d'embonpoint déterminé; sur quels
organes il faut directement agir pour favoriser ou accélérer
la nutrition, quels aliments produisent la graisse ou les mus-
cles, le lait chez les vaches, la laine chez les moutons. On
mesure exactement pour chaque animal la nourriture, l'air,
la lumière, le mouvement dont il a besoin, pour être amené
à tel ou tel état, pour être employé à tel ou tel usage. On
sait à quel moment et dans quels cas la graisse s'accumule
particulièrement sous la peau, ou bien dans l'intérieur des
cavités splanchniques, ou bien dans le tissu même des organes. On calcule avec précision combien de livres par jour
viennent augmenter au régime de l'engraissement toutes sortes d'animaux vivants: ainsi, des poissons, auquel on a fait

subir l'opération de la castration, sont placés dans de la mousse imbibée d'eau : là, ils restent absolument immobiles, vivant uniquement pour manger et digérer, et arrivent ainsi à un volume extraordinaire. »

« Art. 40. Outre l'accomplissement des prescriptions de « l'article 23, tout concessionnaire est tenu, soit par des « haies ou tout autre moyen de défense, d'enclore, dans les « quatre ans, à compter du jour de la mise en possession, « et par quart d'année en année, la totalité du terrain concédé, « sous peine de déchéance de ses droits pour toutes les par- « ties qui ne seraient pas closes. »

Le système des pâturages communs et de la libre pâture, qui en est la conséquence, une fois admis, la clôture des propriétés particulières devenait une obligation nécessaire, afin que toute liberté de pacage fût laissée aux troupeaux sans que les propriétaires de part et d'autre eussent à en redouter les dommages. Nous ne pensons pas que cette servitude soit en opposition avec le droit commun, parce que le système qu'elle consacre est pratiqué avec succès, et depuis de longues années, dans certaines régions montagneuses de la France et de la Suisse.

Beaucoup considèrent la libre pâture comme indispensable à la prospérité d'un établissement pour l'élève des animaux. D'ailleurs, elle est imposée ici comme une des charges d'une concession gratuite, au profit de cette même concession, et nous ne sachions pas, en nous plaçant sous ce point de vue, quelle est l'objection que l'on pourrait sérieusement nous adresser.

Cependant cette législation de la plaine des Cafres, parce qu'elle consacre les pâturages communs, la libre pâture, et la clôture des propriétés, a été particulièrement attaquée. Plusieurs ont parlé d'illégalité et de nouveauté. Heureusement qu'on a été jusqu'ici assez charitable pour ne pas ajouter de communisme. Cela eût été facile pourtant, car le mot y prêtait, l'arrêté y crée des biens communaux (1).

---

(1) Les biens communaux sont ceux à la propriété ou au produit desquels les habitants d'une ou de plusieurs communes ont un droit acquis. (Code civil, art. 542.) Ces biens sont habituellement les terres vaines et vagues, gastes, garrigues, landes, pacages, pâtis, ajoncs, bruyères, bois communs, hernes, vacaus, palus, marais, marécages, montagnes, etc. (Loi du 10 juin 1793.)

Les communes comptent au nombre de leurs droits ceux de vaine pâture, de parcours. (Loi du 28 septembre, 6 octobre 1791), et de pâturage sur les prairies du domaine communal.

Les communes ont enfin des biens et revenus mobiliers, tels que rentes, créances, octrois, locations des places aux halles, foires, mar-

Au lieu de discuter longuement ces nouvelles appréciations, je vais citer quelques articles, de lois qui régissent particulièrement la matière. Ce sera la démonstration la meilleure que, dans cette occasion comme dans plusieurs autres, l'arrêté du 4 novembre 1851 n'a proclamé aucune nouveauté sociale, aucune utopie théorique, mais seulement s'est plu à appliquer, sans ostentation de découverte, selon les circonstances et les besoins de la question, des idées et des faits consacrés par les législations coloniale et métropolitaine, ou bien indiqués par l'expérience et demandés dans les rapports des commissions.

« Les communes comptent au nombre de leurs droits ceux de *vaine pâture et de parcours*. Voici ce que règle, là-dessus, la loi du 28 septembre, 6 octobre 1791, sur la police rurale (Sect. 4):

« Tout propriétaire est libre d'avoir chez lui telle quantité et telle espèce de troupeaux qu'il croit utiles à la culture et à l'exploitation de ses terres, et de les y faire pâturer exclusivement, sauf ce qui sera réglé ci-après relativement au parcours et à la vaine pâture. (Art. 1er)

« La servitude réciproque de commune à commune, connue sous le nom de parcours, et qui entraîne avec elle le droit de vaine pâture, continuera provisoirement d'avoir lieu avec les restrictions déterminées à la présente section, lorsque cette servitude sera fondée sur un titre ou sur une possession autorisée par les lois et les coutumes; à tous autres égards, elle est abolie. (Art. 2.)

« Le droit de *vaine pâture* dans une commune, accompagné ou non de la servitude du parcours, ne pourra exister que dans les lieux où il est fondé sur un titre particulier ou autorisé par la loi ou par un usage local immémorial, et à la charge que la vaine pâture n'y sera exercée que conformément aux règles et usages locaux, qui ne contrarieront point les réserves portées dans les articles suivants. (Art. 3.)

« Le droit de clore et de déclore ses héritages résulte essentiellement de celui de propriété, et ne peut être contesté à aucun propriétaire. Toutes lois contraires sont abrogées. (Ar. 4.)

« Le droit de parcours et le droit simple de vaine pâture ne pourront, en aucun cas, empêcher les propriétaires de clore leurs héritages ; et tout le temps qu'un héritage sera clos de la manière qui sera déterminée par l'article suivant,

---

chés, etc.), droits de péage, mesurage et jaugeage, produits d'amende, droit d'expédition, centimes additionnels, etc. etc.

(Voir la note de la page 79.)

il ne pourra être assujetti ni à l'un ni à l'autre droit ci-dessus. (Art. 5.)

« **L'héritage sera réputé clos lorsqu'il sera entouré d'un mur de 4 pieds de hauteur, avec barrière ou porte, ou lorsqu'il sera exactement fermé et entouré de palissades, ou de treillages**, ou d'une haie vive, ou d'une haie sèche, faite avec des pieux, ou cordelée avec des branches, ou de toute autre manière de faire des haies en usage dans chaque localité, ou enfin d'un fossé de 4 pieds de large au moins à l'ouverture, et de 2 pieds de profondeur. (Art. 6.)

« La clôture affranchira du droit de vaine pâture réciproque ou non réciproque entre particuliers, si ce droit n'est pas fondé sur un titre. Toutes lois et usages contraires sont abolis. (Art. 7.)

« Dans aucun cas et dans aucun temps, le droit de parcours ni celui de vaine pâture ne pourront s'exercer sur les prairies artificielles, et ne pourront avoir lieu sur aucune terre ensemencée ou couverte de quelque production que ce soit, qu'après la récolte. (Art. 9.)

« Partout où les prairies naturelles sont sujettes au parcours ou à la vaine pâture, ils n'auront lieu provisoirement que dans les temps autorisés par les lois et coutumes, et jamais tant que la première herbe ne sera pas récoltée. (Art. 10.)

« Il n'est pas libre à chaque propriétaire d'envoyer à la *vaine pâture* un nombre illimité de bestiaux. La quantité est proportionnée à l'étendue du terrain qu'il possède, est fixée, dans chaque paroisse, à tant de bêtes par arpent, et d'après les règlements locaux. (Art. 13.)

« Néanmoins, tout chef de famille domicilié qui n'est ni propriétaire ni fermier, ou qui n'a qu'une modique exploitation, peut envoyer à la vaine pâture, soit par troupeau séparé, soit en troupeau en commun, jusqu'au nombre de six bêtes à laine et d'une vache avec son veau, sans perdre pour cela son droit à la jouissance de la pâture communale. (Art. 14.)

« Outre la vaine pâture et le parcours dont il vient d'être parlé, chacun des habitants d'une commune jouit individuellement d'un droit de *pâturage* sur les prairies qui font partie de la propriété communale, et qui n'ont pas été mises en ferme.

« C'est là ce qu'on appelle vulgairement *communaux*.

« Les habitants n'ont la jouissance de ces communaux que pour leurs bestiaux; ils ne peuvent pas changer l'état des lieux, ils ne doivent rien détruire, ni dénaturer sans s'exposer à des peines de police correctionnelle.

« Les habitants qui ont droit de pâturage doivent faire la déclaration du nombre des bestiaux qu'ils possèdent; et cette déclaration doit être enregistrée au secrétariat de la conservation forestière. (Ordon. de 1669, tit. 191, art. 2.)

« Tous les bestiaux appartenant aux usages d'une même paroisse ou hameau ayant droit d'usage, doivent être marqués d'une *marque* dont l'empreinte est mise au secrétariat de la conservation, avant de pouvoir les envoyer au pâturage ; chaque jour, ils doivent être rassemblés sur un même point de la commune, en un seul troupeau, et conduits par un même chemin de la forêt, désigné par les officiers de la conservation, sans qu'il soit permis de s'en écarter, ni de prendre une autre route, soit en allant, soit en revenant. (Art. 6.)

Ces principes ne sont-ils pas ceux de l'arrêté du 4 novembre, à part quelques exceptions nécessitées par des circonstances locales ou accidentelles ?

« Art. 41. Les porcs et les cabris ne sont pas admis au bé-
« néfice des pâturages communs, et devront rester enfermés
« dans des endroits clos. »

Les pâturages de la plaine des Cafres sont abondants pour une localité inculte ; mais, voulant y introduire en grand l'élève des bestiaux, on ne saurait néanmoins les trop ménager. Il faudra, nous l'avons déjà dit, arriver à y détruire les mousses, et à y semer les glumifères des régions tempérées (1). Dès le commencement tout doit donc tendre à conserver les ressources naturelles. Or, plusieurs des plantes fourragères de la localité sont bulbeuses et les fouilles des porcs ne peuvent que les détruire. Les familles de diverses espèces d'arbres et d'arbustes, qui sont prisées par les bestiaux, y périssent journellement sous la dent meurtrière des chèvres et des cabris.

Ces considérations suffisent déjà pour montrer la raison des dispositions qui écartent les porcs et les cabris du bénéfice des pâturages communs, et veulent qu'ils soient enfermés dans des endroits clos.

L'élève de ces animaux, des porcs particulièrement, existant d'ailleurs sur les habitations du littoral et s'y fesant avec avantage, il n'y aurait nul inconvénient pour l'intérêt public dans cette prohibition, et l'on rentrerait dans le principe que nous voudrions voir consacré sans cesse pour l'exploitation de toute terre intérieure de l'Ile, c'est de ne jamais entrer en concurrence avec le littoral, et de ne produire que ce qu'il ne produit pas (1).

Mais que l'éducation des porcs et des cabris soit appelée, un jour, à prendre un développement plus considérable, par exemple, par l'abondance des produits de la plaine des Palmis-

____

(1) Textor. Études sur les deux plaines.

tes, qui empêcherait, alors, les particuliers ou la commune de clore des endroits très vastes, même des portions de terrain, pour y mettre ces animaux? Cette localité montagneuse et accidentée en présenterait probablement où les travaux de clôture seraient peu considérables.

Enfin l'utilité des parcs volants pourra y être reconnue plus tard, et les concessionnaires user de ce système avec l'autorisation du conseil municipal provisoire.

L'arrêté a voulu guider la colonisation de la plaine des Cafres dans la voie que l'Administration avait jugé la meilleure; mais en laissant, néanmoins, la porte ouverte à tous les progrès et à tous les besoins de l'avenir.

TITRE III.
De la plaine des Palmistes.

CHAPITRE X.
Réserves particulières.

« Art. 42. Les réserves domaniales dans la plaine des Pal-
« mistes sont :

« 1° Cinquante hectares à prendre sur la rive gauche du
« bras de la Petite-Plaine, conservés pour y créer ultérieure-
« ment des établissements d'utilité publique ;

« 2° Une zone ou bande de 50 mètres de largeur au pied
« de la chaîne de montagnes qui circonscrit la plaine ;

« 3° Un terrain ayant 400 mètres de côté pour la fondation
« d'un bourg ;

« 4° Dans chaque grand carré de concession, un lot de 4e
« catégorie, qui sera inaliénable et destiné à former un pâ-
« turage commun au profit exclusif des concessionnaires éta-
« blis dans ce grand carré ;

« 5° Dans le bourg, les terrains nécessaires pour la fonda-
« tion des futurs établissements publics. »

Ces réserves particulières du Domaine dans la plaine des Palmistes sont stipulées, indépendamment de toutes les réserves générales voulues par le chapitre 3.

Les 50 hectares de terre sur la rive gauche du bras de la Petite-Plaine sont conservés pour y créer ultérieurement des établissements d'utilité publique. L'article 59 développe quels sont les établissements que l'Administration entend plus tard y fonder.

La commission du 10 mai 1849 proposait de mettre en réserve domaniale toute cette portion de la plaine des Palmistes, connue sous le nom de Petite-Plaine, et de plus de la concéder en partie à des Trappistes.

L'arrêté du 4 novembre 1851 n'a pas consacré cette disposition.

Depuis la promulgation de cet arrêté, le *Moniteur de la Réunion* ayant publié plusieurs articles *communiqués* qui recommandaient la fondation d'un monastère de Trappistes à la plaine des Palmistes, nous sommes forcément dans l'obligation de donner à ce sujet quelques explications.

Nous produirons d'abord les observations que nous avons faites en 1849, comme rapporteur et au nom de la commission du 10 mai , ce qui n'indique nullement que, sur ce point encore , telle était dès lors notre opinion personnelle :

« Le sol et la température de la plaine des Palmistes permettraient d'y employer la charrue et les meilleures méthodes de culture des pays tempérés. Il ne serait donc pas , sans doute , sans importance pour la prospérité de la colonisation , d'y introduire des hommes qui les propageraient bien plus facilement par leur exemple et par leurs résultats que ne le feraient toutes les instructions à cet égard.

« La commission ne sollicite plus ces immigrations de laboureurs européens, tant promis par l'ancien Gouvernement , qu'on a accordées aux Antilles , mais que la Réunion n'a jamais obtenues. Les résultats peu favorables que l'on a constatés dans les colonies de l'Ouest justifient aujourd'hui la répugnance qu'elle montre à renouveler cette demande.

« C'est sous l'impression de ces idées , cependant , qu'elle voudrait voir accorder, dans la plaine des Palmistes , des concessions à des militaires congédiés du service dans la Colonie (1), et y voir fonder aussi un établissement de Trappistes (2).

« Un couvent de Trappistes , de ces hommes utiles qui fécondent la terre et la couvrent de troupeaux partout où ils sont appelés , de ces hommes que l'on peut regarder comme la personnification du travail , de l'ordre et de la persévérance, rendrait d'immenses services aux populations intérieures , surtout dans l'état de transition sociale où se trouve la Colonie. Les hommes passent ; les congrégations religieuses restent.

« Une concession leur serait faite du terrain qui leur serait indispensable pour se rendre utiles et non pas dangereux.... en supposant qu'on doive mettre ce mot en regard de l'avenir colonial de cette congrégation.

« Le couvent devrait, outre les secours qu'il accorderait aux

---

(1) Proposition de M. Textor de Ravisi.

(2) **Proposition de M. Patu de Rosemont.**

pauvres, renfermer, pour les indigents, un hospice pour les vieillards et les infirmes de la localité et un hôpital de convalescents pour la Colonie. »

Pourquoi le Gouvernement n'a-t-il pas consacré cette institution parmi les établissements d'utilité publique qui seront ultérieurement créés dans les deux Plaines ? Quels sont ses motifs ?

Nous les ignorons.

Mais, sans même vouloir les rechercher, il est des faits de notoriété, des faits acquis qui nous fournissent tout d'abord des raisons propres à justifier complètement le rejet de cette proposition.

C'est, qu'en effet, il n'est nullement démontré, quoique M. Patu de Rosemont le pose en axiome, qu'il faille *surtout* recourir aux Trappistes, ou plutôt qu'ils peuvent *seuls* assurer le succès de la colonisation. C'est qu'il est certain que la fondation d'un monastère de Trappistes, dût-elle présenter tous les avantages que l'on peut y voir, n'exemptera pas l'Administration d'aucuns des autres frais que la colonisation met à sa charge : l'achèvement de la route nationale de la Plaine, l'ouverture des chemins secondaires des deux Plaines, les encouragements et les secours accordés par le titre IV de l'arrêté du 4 novembre, et tous les frais imprévus que les circonstances amèneront, il faut les prévoir. C'est que, si cette entreprise venait à manquer (qu'on nous permette un instant cette hypothèse), l'Administration n'aurait d'autre compensation à ses sacrifices que la perspective de repatrier les religieux, ou de les établir à nouveau dans un autre endroit de la Colonie, peut-être même de les indemniser. C'est que (et nous eussions dû le dire tout d'abord) cette fondation coûterait trop cher, qu'elle serait en dehors des ressources du trésor colonial de la Réunion.

Une lettre de M. l'abbé Boulbon à M. Patu de Rosemont, en date du 7 août 1850, dit :

« Le Révérendissime Père Abbé, vicaire général de l'ordre
« en France, consentirait volontiers à envoyer une colonie de
« douze religieux *pour commencer*, pourvu qu'on lui donne
« un terrain assez vaste pour subvenir *à tous les besoins* de
« 100 à 150 personnes. De plus 50,000 francs de vivres pour
« six mois et le passage (1), bien entendu ; ou bien encore
« 1,500 francs à chaque religieux pendant vingt-cinq ans (2).
« Alors, ils se chargeraient eux-mêmes de la construction de

---

(1) 14,400 francs environ.

(2) C'est à dire 450,000 francs, et 464,400 francs avec le passage.

« tous les bâtiments; toujours avec la concession du ter-
« rain. »

Ces conditions sont générales et les douze religieux sont
pour commencer; il est donc permis de prévoir et d'ajouter les
autres allocations indispensables qui n'y figurent pas, par
oubli sans doute, telles que les frais de déplacement et d'installation, les avances et les dépenses imprévues. Est-ce trop
dire, qu'on atteindrait alors le chiffre de un demi-million ?

Et nous sommes loin cependant, quant à nous, de penser
que l'on s'arrêterait là ; nous avançons même (en raisonnant
par analogie avec plusieurs autres créations modestes, dont les
devis pourtant n'avaient pas été jetés aussi largement et qui
ont doublé et triplé les prévisions du primitif budget) qu'au
bout de ces vingt-cinq années, ou plutôt pour que ce monastère puisse atteindre un degré de prospérité réelle, les imprévus et les menus frais auront doublé cette prévision de un
demi-million. — C'est sur une dépense de *un million de francs,*
ou sur une subvention annuelle de 40,000 francs sur le trésor
colonial qu'il faut compter, si l'on désire sérieusement fonder
un couvent de Trappistes.

Plus un terrain assez vaste pour subvenir à TOUS LES BE-
SOINS *de* 100 *à* 150 *personnes.*

Quelle est donc cette superficie?

M. Patu de Rosemont s'est chargé de l'indiquer positivement : « *Toute la petite plaine des Palmistes;* ...... néanmoins on prendrait au dehors de cette plaine la quantité nécessaire pour compléter 500 hectares,..... On concèdera encore 1,000 hectares de terres..... dans la plaine des Cafres. »
Puis modifiant cette proposition, dans des observations sup-
plémentaires, il dit : « Je pense qu'il suffirait de la concéder
tout entière (la Petite-Plaine), et d'y ajouter 500 hectares de
pâturages, au lieu de 1,000 dans la plaine des Cafres. »

M. Patu de Rosemont veut donc bien se borner à demander,
en dernier ressort, au moins 1,000 hectares (422,000 gaulettes environ) de bonnes terres : c'est à dire le quart de la plaine
des Palmistes ; c'est à dire encore, la superficie de 115 lots
de concession des cinq catégories voulues par l'article 46 ;
c'est à dire, aussi, le terrain où 1,150 personnes (1) pourraient
être établies, en colonisant selon les prescriptions de l'arrêté du
4 novembre 1851; c'est à dire enfin, le double de la superficie

---

(1) Les commissions ont admis le chiffre de 10 pour la moyenne des
personnes qui résideraient plus tard sur les diverses concesssions, soit
maîtres ou engagés, chefs de famille ou enfants.

des terres domaniales concédées à Cilaos, à l'îlette de la plaine
des Etangs, par le décret du 2 septembre 1840 (1).

Un million en argent (500,000 francs en minimum si l'on
tenait beaucoup à cette rectification, car ce chiffre commence
déjà à être assez éloquent pour que nous n'y regardions pas),
plus 1,000 hectares au moins de bonnes terres ! — En vérité,
c'est un peu trop considérable pour les ressources de la Colonie, on nous permettra bien de le dire.

En définitive, d'un côté, cet établissement, élevé avec les
deniers de la Colonie, ne deviendrait ni une propriété domaniale, ni une propriété communale ; mais il resterait toujours
une propriété particulière, et la propriété d'un ordre religieux
dont le Vicaire seulement est en France ; de l'autre, il ne
serait jamais lui-même la colonisation, il n'en diminuerait
aucune des charges, et il ne serait destiné, en dernière analyse, qu'à réagir heureusement par *ses effets* sur la marche et
sur l'avenir de cette colonisation.

Or, nous répétons que, vu nos ressources, c'est acheter ce
résultat un peu cher. En toute chose il faut considérer la fin.

Citons les résultats promis par les auteurs des lettres communiquées au *Moniteur de la Réunion*, puisque nous avons
produit la proposition de la commission du 10 mai 1849, qui,
elle, demandait, au moins, que le couvent renfermât un hospice et un hôpital pour les malheureux :

« Voyant des blancs, des hommes revêtus de l'habit religieux, le supérieur en tête, travailler à la terre, la féconder
de leurs sueurs, travailler comme ne travailleraient pas nos
anciens esclaves. le *petit créole* et le nouvel affranchi s'appro-
cheront insensiblement, regarderont faire et se diront : Eux
travaillent, nous pouvons bien travailler à notre tour.

« Une fois dans ce chemin, leurs essais ne seront pas in-
fructueux, l'ignorance ne fera pas échouer leurs tentatives : ils
trouveront toujours à l'établissement des Trappistes — une
ferme-modèle dans un couvent, sages conseils et bons exemples.

---

(1) 529 hectares (222,000 gaulettes), d'après le plan dressé le 15 septembre 1839 par M. Guy de Ferrières, conducteur des ponts et chaussées :

« Près de l'îlette des Etangs se trouvent celles des Palmistes-Rouges,
du Bonnet de Prêtre et du Bras-Sec, qui pourraient être facilement
réunies en une même circonscription communale dont le chef-lieu serait fixé à la Plaine des Etangs. »

(*M. Letainturier, rapporteur du projet de décret concernant les terres
du Domaine de Cilaos, 19 mai 1840.)*

« Qui sait le germe de prospérité et de moralité pour la Colonie renfermé dans cette création ? (1) »

M. Patu de Rosemont s'exprime de la sorte :

« Je termine en déclarant que je persiste dans cette conviction, qu'après la confection du chemin de la Plaine, depuis Saint-Benoit jusqu'au pied de la Grande-Montée, l'un des moyens les plus certains d'assurer le succès de la colonisation, non-seulement des deux plaines, mais de toutes les autres possessions domaniales dans l'intérieur de l'Ile, serait de créer dans la plaine des Palmistes un établissement de Trappistes.

« J'aime à espérer que le Gouvernement local partagera mon opinion, et qu'il sera puissamment secondé dans ses démarches auprès du ministre de la marine par Monseigneur Desprez. »

Si la fondation du couvent des Trappistes était demandée avec les fonds métropolitains déjà votés, ou bien avec les produits déjà recueillis de pieuses souscriptions ou de dons patriotiques des habitants convaincus de l'excellence exclusive de cet établissement, alors il ne nous serait peut-être pas permis de dire que, même au point du vue colonisateur, on pourrait mieux employer d'aussi fortes sommes ; de rappeler que les colonisations du Brûlé de Saint-Denis, de Cilaos et de Salazie surtout ont réussi et sont maintenant en voie de prospérité, malgré l'absence de trois monastères de Trappistes, et particulièrement aussi en l'absence d'encouragements pour des sommes aussi considérables que celles qu'on demande ; de mentionner, enfin, l'opinion officielle du Gouvernement sur la colonisation de l'Algérie et sur les Trappistes.

Le général d'Hautpoul, ministre de la guerre, en rendant compte au Président de la République des essais des divers modes de colonisation tentées en Algérie, n'a mentionné les Trappistes du couvent de Staouili (2) qu'au même titre que les habitants des villages du Tahel ou les concessionnaires de Saint-Ferdinand et de Sainte-Amélie, que comme les militaires de Fouka, Mered et Mahelma ou les phalanstériens d'Oran, etc. En présence de ces diverses tentatives sérieuses de colonisation, il ne croit pas pouvoir encore être autorisé, par les faits résultant de l'expérience, à choisir ni même à indiquer quelle en est la meilleure, la plus favorable, et il conclut seulement :

« Elles ont montré que ni les riches ni les pauvres ne pou-

---

(1) *Moniteur de la Réunion*, 29 novembre 1851.

(2) Voir les Commentaires, pages 10 et suivantes.

vaient faire beaucoup avancer la colonisation , si on les employait isolément.

« C'est à l'union des forces, au rapprochement des capitaux et des bras , au concert de leurs aptitudes diverses, qu'il est réservé de produire une colonisation rapide et vigoureuse. L'Etat doit les aider de son côté, non plus par des subventions directes, mais par l'exécution des travaux publics et par d'efficaces encouragements à la production (1). »

La fondation d'un monastère de Trappistes à la plaine des Palmistes est demandée sur les fonds coloniaux. Nous conclurions au rejet, si nous avions jamais l'honneur d'être consulté, avec le même positisme que M. Patu de Rosemont a déjà conclu pour l'acceptation.

Parce que l'excellence exclusive de cette création n'a nullement été démontrée, même au point de vue colonisateur; que, tout compté, elle ne compenserait pas suffisamment les énormes frais qu'elle nécessiterait; qu'elle n'exempterait pas des autres moyens colonisateurs qui sont déjà à la charge de l'Administration, et, qu'après tout, elle est en dehors des ressources actuelles de la Colonie.

Nous ajouterons, quant à nous, que les sommes qu'on demande, employées à augmenter, dans cette même proportion, les secours et les encouragements accordés par le titre IV (ou à d'autres encore qu'il serait bien facile de trouver si les ressources du trésor colonial l'autorisaient, par exemple ceux indiqués par la commission de janvier 1849 (2)); nous ajouterons, disons-nous, qu'elles assureraient bien mieux le succès de la colonisation des deux plaines des Cafres et des Palmistes.

Nous comprenons donc parfaitement que l'Administration n'ait pas cru devoir adopter la proposition de la commission du 10 mai 1849, pour la fondation d'un monastère de Trappistes dans la plaine des Palmistes.

La Petite-Plaine est bornée de toutes parts par des montagnes et séparée du reste de la Plaine par deux grands bras secs , et une forte différence de niveau. La réserve que la commission du 10 mai voulait en faire l'a amenée à se prononcer pour savoir quel est, entre les trois grands bras secs des Calumets, de la Grande-Montée et de la Petite-Plaine, celui qui est le cours supérieur de la ravine Sèche ? Il était indispensable de se prononcer sur cette question de géographie physique à cause des oppositions qui ont été élevées

----

(1) Voir les Commentaires du titre IV.

(2) Voir la discussion de l'article 56.

contre la concession du sixième des terres de la plaine des Palmistes comprises entre la rive droite de la ravine Sèche et la ravine Saint-François. La commission s'est déclarée pour le bras de la Grande-Montée, comme étant le plus direct, celui du milieu, et enfin celui indiqué par les plans de la Direction des ponts et chaussées comme étant le lit véritable de la ravine Sèche.

La solution de cette question étant très importante, si les droits réservés des tiers venaient à se produire sérieusement, des ordres ont été donnés à M. l'Ingénieur de la 4° circonscription pour faire déterminer, d'après les principes de la géopraphie physique, quel est le cours supérieur de la ravine Sèche, et d'en adresser à l'Administration un rapport spécial (1).

2° Une zone de 50 mètres de largeur a été laissée en réserve au pied de la chaîne des montagnes qui circonscrit la Plaine. Cette réserve a pour but, dès maintenant, de limiter plus positivement les propriétés domaniales des pentes et pitons, de mieux assurer les prescriptions qui y ont trait, et enfin de permettre, plus tard, s'il y avait lieu, d'y créer un chemin d'exploitation, ou bien de la consacrer aux besoins des concessionnaires.

La commission du 10 mai 1849 proposait qu'un chemin communal fût tracé à environ 50 mètres du pied de la montagne qui circonscrit la Plaine, dans les endroits où le terrain le permettrait, et la commission de janvier 1849 demandait aussi qu'un chemin fût ouvert au pied du rempart du morne de Saint-François. Ces dispositions ont été rejetées, comme étant réputées inexécutables par suite des difficultés continues que présente le terrain.

Ces commissions proposaient, de plus, que cette réserve fût exclusivement destinée aux besoins des concessionnaires, mais qu'elle demeurât entièrement sous l'influence de l'Administration. L'abus est si souvent près de l'usage, dans les sociétés livrées à elles-mêmes, qu'il importait que cette réserve, toute dans l'intérêt des concessionnaires, puisqu'elle est faite pour leurs besoins tant de construction que ménagers, fût créée réserve domaniale (2).

L'arrêté consacre donc cette réserve, mais sans lui assigner, du moins maintenant, aucun emploi spécial. Il sera donc facile, plus tard, d'en concéder la jouissance aux concessionnaires ou à la commune, si les circonstances le demandent,

---

(1) Voir les Etudes sur les deux plaines.

(2) M. Schneider, rapporteur de la commission de janvier 1849.

et aussi d'y ouvrir un chemin d'exploitation , si une nouvelle étude du terrain l'y autorisait et que les ressources communales permissent d'entreprendre ce travail.

3° Les commissions de janvier et de mai 1849 proposaient que le terrain réservé pour la fondation d'un bourg eût 500 mètres de côté. L'arrêté du 4 novembre n'y consacre qu'un terrain de 400 mètres; mais il faut remarquer que le § 4 de l'article 43 prescrit qu'il sera fait dans le voisinage du bourg la réserve nécessaire à l'établissement d'un cimetière.

4° La réserve d'un lot de 4e catégorie , par chaque grand carré de concession , ou de 7 hectares pour 400 hectares concédés , est destinée à former un pâturage commun , au profit exclusif des concessionnaires de ce grand carré. Cette réserve était indispensable à créer pour encourager l'élève de quelques animaux , industrie si utile et si profitable dans un pays agricole.

La commission de mai proposait que cette réserve fût de 12 hectares, celle de janvier en avait demandé 10 : l'arrêté du 4 novembre l'a réduite à 7 hectares.

Nous ferons remarquer, à ce sujet, que , jusqu'à ces derniers temps, l'on supposait la plaine des Palmistes beaucoup plus grande que le plan résultant du tracé des balisages ne l'a donnée.

5° Voir au sujet du bourg les commentaires du chapitre 12.

« Art. 43. Les réserves communales sont :

« 1° Une étendue de 60 hectares de terre, composée de plu-
« sieurs lots qui seront pris dans chacun des grands carrés
« de concession, et dont la jouissance pourra être concédée à
« titre onéreux ;

« 2° Dans le bourg , les terrains nécessaires à la fondation
« d'établissements communaux ;

« 3° Encore dans le bourg , trois emplacements à prendre
« dans chacune des cinq catégories mentionnées ci-après ,
« dont la jouissance pourra être également concédée à titre
« onéreux ;

« 4° Dans le voisinage du bourg, le terrain nécessaire à
« l'établissement d'un cimetière. »

A la discussion de l'article 34 , nous avons développé l'intention du Gouvernement de créer de nouvelles ressources aux communes des terres intérieures. Cet article est l'application de ce principe pour la plaine des Palmistes.

L'article 5 du décret colonial , concernant la concession de Salazie (8 juillet 1839), statuait que vingt emplacements du bourg seraient réservés pour être vendus ou arrentés aux en-

chères publiques , afin de subvenir aux charges de l'arrondissement communal.

CHAPITRE XI.

Mode particulier de concession.

« Art. 44. Le mode de concession de la plaine des Palmis-
« tes sera exécuté au moyen d'un système de balisages rectan-
« gulaires ouverts dans le bois. Ces balisages seront espacés
« de 2,000 mètres et couperont toute la surface de la Plaine
« en la partageant en grands carrés de 400 hectares. Les con-
« cessions seront faites dans les grands carrés.

« Ces balisages deviendront, autant que faire se pourra, les
« tracés des futurs chemins communaux , et serviront provi-
« soirement de chemins de communications. »

« La plaine des Palmistes étant entièrement boisée , une
opération préliminaire est indispensable pour arriver à y faire
des concessions : celle d'ouvrir des balisages dans la forêt.
Elle serait partagée en carrés de 400 hectares et en carrés de
100 hectares, selon la forme du terrain , au moyen de balisages rectangulaires espacés à 2,000, 1,000 et 500 mètres.
Le grand lot de concession serait de 400 hectares , etc. (1) »

Nous avons rendu compte , à la discussion de l'article 12
(page 61), de l'exécution de ce travail , commencé le 3 juin
1850 , ou plutôt , nous avons exprimé l'espérance de son entière exécution pour le 15 avril 1852 , selon la promesse faite
à l'Administration par la Direction des ponts et chaussées.
Voici les observations que nous avions faites , à ce sujet , en
1849 :

« Quoique la commission ait admis que le plan général de
la plaine des Palmistes n'était pas indispensable pour arriver
au partage des terres (nous en avons dit le pourquoi à la
discussion de l'article 12) , elle a pourtant cherché à admettre un mode de concession qui le rendît réellement inutile.

« Elle pense l'avoir trouvé en admettant le principe des
balisages rectangulaires , espacés à 2,000 mètres et qui , coupant toute la Plaine, la partageraient en carrés de 400 hectares. Cette localité étant entièrement boisée , cette opération
préliminaire était indispensable.

« Ces balisages deviendront, autant que faire se pourra, les
futurs chemins communaux, déviés seulement par les accidents du terrain , afin de rendre les communications le moins
cher possible.

---

(1) Textor. Etudes sur les deux plaines.

« Ils devront offrir, dès le commencement, des voies de communications faciles aux concessionnaires, et ce n'est qu'au fur et à mesure des progrès de la colonisation que les diverses portions de ces balisages, rendues impraticables par le passage, deviendront successivement, par la réparation, des portions de chemins communaux, puis enfin des chemins communaux.

« Les routes qui seront ouvertes dans la Plaine seront : la route nationale de la Plaine, passant par le village, c'est à dire autant que possible par le centre; à droite et à gauche de cette route, deux chemins communaux éloignés de 2,000 mètres; enfin, à 50 mètres du pied des remparts de la Plaine, un chemin d'exploitation dans tous les endroits où, par la nature du terrain, il serait facile à ouvrir.

« D'autres chemins communaux seraient établis perpendiculairement à ceux-ci, d'après les mêmes distances. La Plaine serait partagée, de la sorte, en carrés de 400 hectares, qui seront ce que nous appelons, en principe, les grands carrés de concession. »

Nous traiterons, à la discussion de l'article 54, la question de la viabilité de la plaine des Palmistes.

Le système du partage par les balisages rectangulaires est dû à la commission de janvier 1849 : il n'avait été qu'indiqué à peine dans les projets antérieurs. C'est un hommage que nous nous empressons de lui rendre en cette circonstance, et nous le faisons d'autant plus volontiers que plusieurs nous en ont attribué exclusivement l'invention, quoique d'autres aussi l'aient dévolue à M. Patu de Rosemont.

Voici la proposition de la commission de janvier 1849, un peu longuement formulée, sans doute, pour un article d'arrêté, mais qui expose, du moins, très clairement le système de concession qu'elle proposait.

« 3. — On procèdera à la livraison des lots, de la manière suivante :

« On balisera une ligne dans le sens du plus grand diamètre de la Plaine, c'est à dire du nord au sud. Ce balisage, ouvert sur 10 mètres de largeur, représentera le chemin principal de la localité. Au milieu de cette ligne, on fera réserve d'un terrain de 500 mètres de côté destiné à l'établissement d'un bourg. Sur cette même ligne, on tracera des perpendiculaires qui seront toutes à 510 mètres de distance les unes des autres : ces lignes seront, en direction, des chemins transversaux qui iront d'un rempart à l'autre.

« La largeur de ces chemins sera également fixée à 10 mètres, de sorte que la hauteur de chaque terrain compris entre deux chemins transversaux sera de 500 mètres, parallèlement à la ligne principale.

« On partagera cette hauteur par moitié, et la ligne passant par ce point et menée parallèlement aux lignes transversales sera, en même temps, le sommet des lots supérieurs et la base des lots inférieurs.

« Enfin, ces lots seront complètement déterminés par des lignes parallèles à l'axe principal, et qui seront entr'elles à des distances telles, qu'en ayant égard aux accidents de terrain, la contenance de chaque lot soit toujours de 5 hectares pour les lots de la première catégorie et de 25 hectares pour ceux de la seconde.

« Le point de départ de cette division sera le carré réservé pour l'établissement du bourg, et c'est de ce point que partiront tous les lots, qui seront tracés alternativement au-dessus et au-dessous de l'emplacement, en occupant tout l'espace compris entre les deux remparts, et en se conformant, autant que possible, aux dispositions qui précèdent.

« La division aura lieu au fur et à mesure des demandes qui seront approuvées par l'Administration. Ces lignes transversales seront tirées et les points de partage des divers lots seront fixés par la Direction des ponts et chaussées, avec la coopération des individus qui demanderont à être mis en possession.

« On tracera trois chemins dans le sens de la longueur de la Plaine : l'un sur la rive gauche de la ravine Sèche, l'autre sur la rive droite, et en dehors de la réserve de 10 mètres sur la rive ; le troisième au pied du rempart du morne Saint-François, à l'est de la Plaine (1). »

« Art. 45. Il sera tracé, au milieu des quatre grands car-
« rés, un chemin de 3 m. 50 de largeur, dans le sens de la
« largeur de la Plaine. Ce chemin servira de sommet commun
« aux lots de concessions qui seront établies dans chaque
« grand carré. Les lots de la 5ᵉ catégorie seront réunis par
« deux dans le partage, de manière que les lots de conces-
« sions aient toujours une hauteur constante de 1,000 mètres,
« comprise entre deux chemins, leur base variant seulement
« de longueur, selon l'importance de la concession.

« Art. 46. Chaque grand carré de 400 hectares sera divisé,
« en principe, de la manière suivante, par les soins de la Di-
« rection des ponts et chaussées :

---

(1) La commission conservant évidemment le tracé actuel du chemin de la Plaine comme voie de communication, quoiqu'il n'en soit pas fait mention, c'est donc quatre chemins qu'elle demandait dans le sens de la longueur de la Plaine.

« 1re catégorie ,   1 lot de 40 hectares, —   40 hectares.
« 2e   —   2   —   25   —   — 50   —
« 3e   —   10   —   12   —   — 120   —
« 4e   —   12   —   7   —   — 84   —
« 5e .   —   · 21   —   5   —   — 106   —

    « Total..., 46 lots faisant............ 400 hectares.

« Art. 47. Lorsqu'un grand carré contiendra intérieure-
« ment des réserves quelconques, un ou plusieurs lots des
« diverses catégories seront supprimés, selon l'étendue de ces
« réserves, et le lot destiné au pâturage commun sera dimi-
« nué d'une quantité proportionnelle à cette même étendue. »

L'article 45 prescrit qu'un chemin sera tracé au milieu du
carré et servira de sommet commun aux propriétés contenues
dans le grand lot de concessions.

L'article 46 développe et indique le partage du grand carré
de 400 hectares en 46 concessions divisées en cinq catégories
de grandeur.

L'article 47 permet de modifier les dispositions relatives au
partage des terres, aux lots de concessions et réserves, d'après
les accidents du terrain.

Ces trois articles sont donc les compléments de l'article 44,
et forment la partie pratique de la concession des terres dans
la plaine des Palmistes.

La commission de janvier 1849 n'avait proposé que deux
catégories de concessions, ou des lots de 5 et de 25 hectares.
Ceux-ci n'eussent compris que le dixième des terres concédées.

L'Administration a adopté, à cet égard, les propositions de
la commission de mai 1849, en y ajoutant seulement la 5e catégorie, celle de 5 hectares ou 2,105 gaulettes environ.

Ces indications sont d'ailleurs conformes à ce que le
Gouvernement avait adopté dans son projet du 18 novembre
1841 pour la concession de la plaine des Palmistes, et à la
modification qu'il avait proposée au projet de décret du 5 août
1849, en réduisant à 2,000 gaulettes, au lieu de 3,000, le minimum de l'étendue des terres à concéder dans la 3e catégorie
des biens domaniaux (1).

L'arrêté du 4 novembre 1851 prescrit donc que 400 hectares seront partagés en cinq catégories de grandeur, ou en
lots de 40 et 50 hectares, 120, 84 et 106 hectares; c'est à dire
90 hectares pour la 1re et la 2e catégorie, 120 pour la 3e, et
190 hectares pour les 4e et 5e catégorie. C'est à dire encore

---

(1) Conseil colonial, 11 juin 1836.

que les prolétaires auront la moitié environ des terres à concéder. Il veut que ce grand carré de concessions contienne 46
lots, ou 1 et 2 des 1re et 2e catégorie, 10 de 3e, 12 et 21 de
4e et 5e; ou bien, 3 lots de concession pour les grands propriétaires, 10 pour les moyens, et 33 pour faire des prolétaires
de la Colonie de petits propriétaires.

Tels sont les principes indiqués par ce type général de partage, et dans lesquels il faudra toujours rentrer, même en
modifiant le nombre des lots à concéder.

Il ne s'agit pas d'appliquer seulement ce type à un grand
carré de concessions, mais à l'ensemble de toutes les terres de
la Plaine. Vouloir le comprendre autrement ce serait ne pas
saisir l'esprit et le sens de la rédaction : il y est dit *en principe*.

Le législateur n'a pas oublié, à l'article 46, les réserves générales et particulières qu'il avait faites précédemment, et qui
feront toujours qu'aucun grand carré ne donnera 400 hectares, voire même 300, à concéder. Il a donc été dit en principe,
parce qu'il n'était pas possible de supposer que la Plaine fût
exactement divisible par grands carrés, ou par sous-divisions
du grand carré.

Cependant, comme il a été écrit à M. le Directeur de l'intérieur contre ce mode de partage, et qu'après l'avoir critiqué
on a même cru devoir en proposer un autre, un mode supérieur, tout en protestant, d'ailleurs, que la modification n'é-
tait que de détail, et qu'elle n'affaiblissait en aucune manière
l'harmonie de l'arrêté du 4 novembre, nous sommes forcément obligé de donner à ce sujet quelques explications, non
pas que l'objection soit très sérieuse, mais pour aller au devant de celles qui pourraient être faites de nouveau, et qui
tendraient, en définitive, à entraver davantage l'exécution de
cet arrêté.

On ne trouve pas bonne la disposition qui veut que les lots
aient une hauteur constante de 1,000 mètres ; on ajoute
qu'elle peut s'appliquer aux lots de 1re et de 2e catégorie, mais
que pour ceux des 3, 4 et 5e catégorie, elle place la culture
dans des conditions d'exploitation désavantageuse.

En conséquence, on propose :

De donner aux chemins ouverts par le milieu des grands
carrés la même importance qu'aux chemins transversaux, et
de réduire de moitié la hauteur des lots des catégories inférieures. On propose, enfin, un mode nouveau de partage des
terres et qui se réduit, en dernière analyse, à partager le carré
type de 400 hectares en 47 lots au lieu de 46.

Nous l'avons déjà dit, le partage de l'article 46 est indiqué,
en principe, comme un type à suivre. Quel que soit le mode
qu'on adoptera, les réserves et les accidents de terrain n'en

modifieront-ils pas moins les détails, et dès lors ne rentrera-t-on pas dans les prévisions de l'article 47 ?

Quelle est donc la portée, nous voulons dire les avantages, que présenteait ce nouveau mode ?

Quelle nécessité y a-t-il aujourd'hui d'augmenter l'importance des chemins de la Plaine, d'en ouvrir de nouveaux ? La future commune (et pour le moment la Direction des ponts et chaussées) n'en a-t-elle pas assez, trop peut-être à ouvrir et à entretenir ?

Un chemin de 3 m. 50 de largeur, les fossés non compris, ne répond-il donc pas à toute l'importance d'exploitation d'un terrain de 400 hectares, entouré déjà de quatre autres chemins plus importants, dont un sera peut-être une route nationale ?

Mais, après tout, si cette importance venait à être reconnue (quoique dans aucune commune de l'Ile on ne trouve encore ce luxe de chemins), qui empêcherait la commune de demander l'élargissement de son chemin ? Le cas n'est-il pas prévu par les prescriptions du § 4 de l'article 8 ?

Pourquoi réduire la hauteur des lots en basant cette modification sur cette raison, que les lots des 4e et 5e catégorie ne comportant que 5 à 7 hectares, ils n'auraient de base que 50 à 70 mètres ?

L'article 45 a prévu l'exiguité de la base pour les lots de 5e catégorie : il est positif à cet égard. Ne l'aurait-on pas lu? — Ne dit-il pas que dans la distribution des lots dans le grand carré, deux lots de 5e catégorie seront réunis ? C'est à dire qu'ils présenteront de la sorte une surface de 10 hectares, ou 1,000 mètres sur 100. Cette surface étant ensuite partagée en deux portions égales, chaque lot de 5e catégorie aura 500 mètres sur 100.

C'est là justement la modification proposée : pourquoi donc demander ce qui est déjà accordé ?

Reste l'objection au sujet des lots de 4e catégorie qui n'auraient que 70 mètres de base.

Nous ne dirons pas ici que le fait de l'exiguité des bases des concessions dans la Colonie est un fait acquis, qui se reproduit partout : le mauvais n'est jamais à imiter. Mais nous dirons que, dans les projets de partage des terres que nous avons fournis à l'Administration (et nous savons qu'ils ont été adressés à la Direction des ponts et chaussées, et qu'ils ont été consacrés dans les instructions qui ont été données pour l'exécution de l'arrêté du 4 novembre 1851), nous savons qu'il était dit au sujet de ces lots :

Qu'ils seraient placés de préférence dans des terrains unis et faciles, ou bien dans des endroits circonscrits dont ils embrasseraient toute l'étendue , de manière à venir remédier , autant que possible, à la disproportion qui existait forcément entre leur base et leur hauteur.

Puisque nous sommes sur ce sujet disons également ce qui était prescrit pour les autres catégories.

Les lots des deux premières catégories seront adossés aux remparts qui entourent la Plaine , ou aux pitons répandus sur sa surface ; ils seront placés dans les endroits les plus éloignés des balisages, les moins avantageux, et comprendront, autant que possible, les accidents du terrain de manière à faire du reste du grand carré une surface aussi régulière que possible.

Pourquoi ? c'est que , entr'autres raisons, les propriétaires de ces grandes concessions auront plus d'intérêt à faire entretenir les chemins , et que les prescriptions relatives aux déboisements des pentes seront plus faciles à faire exécuter.

Les lots de la 3e catégorie seront répandus *ad libitum* , et en vue seulement d'encadrer les autres concessions.

Pourquoi ? c'est que les nombres des dimensions linéaires qui les engendrent sont précisément ceux qui se prêteront le plus facilement aux combinaisons diverses que nécessiteront les irrégularités du terrain.

Nous avons parlé des lots de la 4e catégorie.

Les lots de la 5e catégorie seront placés, enfin, près de tous les chemins , ou bien dans des endroits d'un accès facile (1), de manière à suppléer, autant que possible , à l'absence des chemins-sommets, qui ne seront pas ouverts dès le commencement de la colonisation , il faut bien s'y attendre.

Mais c'est trop sur ce sujet : l'essentiel , aujourd'hui , n'est pas de rechercher le meilleur mode théorique d'un partage des terres , mais de se mettre en mesure de procéder pratiquement à celui qui a été adopté , de rechercher et de s'arrêter aux dispositions de détail qui promettent les plus prompts résultats , et dont l'application pourra le plus facilement s'accorder avec les ressources dont on dispose et le temps qu'il reste à parcourir.

Enfin , nous dirons encore, puisque l'occasion s'en présente, que l'arrêté du 4 novembre peut être attaqué, mais que l'exposé des raisons qu'il évoque démontrera toujours que l'attaque n'aurait pas eu lieu si l'on avait eu plus tôt connaissance de ses motifs, ou bien si les connaissant on les avait mieux pesés. On peut mieux faire sans doute ; l'idéal est facile à

---

(1) On sait que dans les terres intérieures boisées, les lits des ravines sont les voies de communications habituelles.

rêver ; mais nous maintenons, nous, que l'arrêté a consacré tout ce qu'il était possible de faire avec les ressources actuelles de la Colonie et avec le temps fixé pour l'exécution.

CHAPITRE XII.

Bourg chef-lieu de commune.

« Art. 48. Le bourg sera construit d'après un plan direc-
« teur, préalablement approuvé par le Gouverneur.

« Un cinquième de sa superficie sera réservé pour la fon-
« dation des futurs établissements publics, domaniaux ou
« communaux, et le surplus sera divisé en emplacements de
« cinq catégories de dimensions.

« Le nombre des emplacements de chaque catégorie sera
« égal à celui des concessions de la catégorie correspondante
« dans les deux Plaines. »

Il est probable que la colonisation des deux Plaines prendra bientôt un développement assez considérable pour nécessiter un centre. La fondation d'un bourg, chef-lieu de commune, était donc à prévoir par l'arrêté de la colonisation.

Le commencement d'occupation du point de Sainte-Agathe avait fait introduire cette désignation comme le nom du futur village à fonder (dans les observations de la commission du 10 mai 1849), mais nous devons dire qu'elle ne prétendait indiquer cette position que comme centrale, devant probablement être traversée par la future route de la Plaine, et présentant, enfin, un commencement d'occupation important à considérer dans une forêt, loin de tout centre de population. La position exacte du bourg est donc à étudier spécialement.

Le choix de la situation la plus convenable et la plus avantageuse pour la fondation du bourg devra précéder tout partage de lots de concessions dans la plaine des Palmistes. La distribution des lots d'emplacements et la mise en possession des concessionnaires (que l'arrêté ne fixe pas avec raison) pourront n'avoir lieu que dans une année ou deux, selon les circonstances, après la mise en possession des lots de terres. De la sorte, les délais accordés pour l'exécution des obligations imposées pour les emplacements viendraient à échoir à la même époque que ceux imposés pour les terres. (Voir les articles 22, 40 et 50.)

L'arrêté prescrit la construction du bourg d'après un plan directeur, et il en fixe les principales conditions. L'étendue serait de 400 mètres de côté ou de 16 hectares ; un cinquième de sa superficie ou 2 hectares environ serait réservé pour la fondation des établissements publics ; les lots d'emplacements seraient divisés en cinq catégories de dimensions et leur nombre serait égal, dans chaque catégorie, au nombre des concessions de terres faites dans les deux Plaines.

Les emplacements seront petits, eu égard, du moins, à la grande surface qu'ils ont dans les villes et bourgs de la Colonie. Dans les conditions où se trouveront les deux Plaines, cette disposition doit être considérée comme avantageuse, propre aussi à accélérer la construction du bourg, et à en faire promptement un centre de population entre Saint-Pierre et Saint-Benoit.

Les articles 4 et 5 du décret colonial concernant la concession de Salazie (8 juillet 1839), consacrent 17 hectares 80 ares à la fondation du bourg de Salazie, et ils divisent cette superficie en emplacements de 1,417 m. 50 c. carrés, indépendamment des terrains réservés aux édifices publics.

« Art. 49. Le partage des lots d'emplacements entre les « concessionnaires aura lieu conformément aux dispositions « des articles 16, 17 et 18, sauf les modifications suivantes : « Tout concessionnaire qui voudra s'exempter du tirage « au sort et choisir un emplacement de la catégorie dans la- « quelle il aura été placé, n'aura pas de journées à fournir ; « mais il devra payer, avant sa mise en possession, une « somme de 4 francs par 25 mètres carrés de superficie d'em- « placement. Ces sommes, versées à la caisse municipale, se- « ront exclusivement employées aux divers travaux d'intérêt « communal à exécuter dans le bourg. »

L'arrêté a admis pour les emplacements du bourg les mêmes principes de partage, de tirage et de choix que pour les terres. Les redevances devaient être proportionnellement plus onéreuses, parce que, après tout, avoir une maison au chef-lieu de commune n'est pas de première utilité pour celui qui en a déjà une sur sa concession, souvent assez proche, et qu'ainsi la disposition onéreuse, si elle est appliquée, n'agira que sur le riche ou celui qui sera réellement intéressé à de-mander l'exemption du choix. A ce point de vue, elle n'est peut-être pas assez forte.

« Art. 50. Sera déchu de son droit d'emplacement : « 1° Tout concessionnaire qui, dans le délai de trois mois « à partir du jour où l'emplacement lui aura été accordé, « n'aura pas fait prise de possession ; « 2° Tout concessionnaire qui, dans le délai d'une année à « partir du jour de sa mise en possession, n'aura pas commencé « ses constructions ; « 3° Tout concessionnaire qui, dans le délai de deux an- « nées, n'aura pas bâti et couvert sa maison, et ne l'aura « pas occupée ou fait occuper.

« Les emplacements demeurés vacants , conformément aux
« prescriptions du présent article , deviendront propriétés
« communales, et pourront être vendus ou affermés au profit
« de la commune. »

L'arrêté impose aux concessionnaires des emplacements du
bourg des obligations plus sévères que celles pour les terres :
il double précisément celles que demandait la commission de
mai 1849, dont il a suivi, du reste, l'ensemble des propositions.
Cette commission demandait , en effet , d'accorder un délai de
six mois pour la prise de possession , d'une année pour commencer les bâtisses, et de quatre années pour achever de bâtir
de manière à occuper ou faire occuper l'emplacement.

Pourquoi cela? c'est l'exemple à éviter du bourg de Salazie,
de Hell-Bourg qui , fondé le 24 mars 1842 , ne montre pas
encore une seule maison : l'arrêté qui le fonde n'a pas été assez
complet dans ses dispositions.

Le décret colonial concernant la concession de Salazie prescrivait , à propos d'un bourg , que vingt emplacements seraient vendus ou arrentés au profit de la commune ; que
trente-six emplacements seraient distribués aux trente-six
concessionnaires primitifs sous une redevance annuelle déterminée par le Gouverneur, et que le surplus des emplacements serait, enfin , vendu ou arrenté au profit de la commune (1).

Le décret colonial concernant les terres du Domaine situées à Cilaos disait seulement , au sujet d'un bourg , que les
emplacements, autres que ceux destinés au service public, seraient vendus ou arrentés au profit de la localité , lorsqu'elle
serait érigée en district ou section de commune.

La commission de janvier 1849 proposait les dispositions
suivantes :

Les emplacements du bourg , autres que ceux du service
public , seront aliénés au profit de la localité , moyennant une
redevance annuelle dont l'exigibilité ne commencerait qu'à
partir du jour où la plaine des Palmistes , par sa population
et l'étendue des terres cultivées , aurait acquis assez d'importance pour être érigée en commune ou section de commune.

Toutes ces dispositions n'étaient pas assez favorables au
prompt développement d'un bourg et même à sa fondation.
Vendre , par exemple , ou arrenter des terrains dans un pays
encore inculte et inhabité , dans une localité où les habitants
se contenteront pendant longtemps des bâtisses qu'ils auront

---

(1) Un , au choix , réservé pour le sieur Adrien Pignolet qui a dé-
couvert la source des eaux thermales.

pu faire sur leurs terres concédées, c'est un obstacle puissant, quelque modique que soit la redevance.

L'arrêté du 4 novembre a donc encore été dans le vrai ; il a profité des résultats de l'expérience en écartant ces différents modes et en appliquant aux emplacements du bourg les mêmes principes que ceux pour les terres. Les quinze emplacements de différentes catégories qui sont assignés à la commune, ceux qui lui reviendront infailliblement par la non exécution des obligations de la concession, les sommes qui proviendront de l'exemption du tirage au sort procureront, sans doute, des ressources plus sûres et plus considérables que celles que l'application des décrets du 8 juillet 1839 et du 2 septembre 1840 auraient pu lui créer.

« Art. 51. Tout concessionnaire de l'une des deux plaines
« qui sera déchu de sa concession, pour l'une des causes
« énumérées dans le présent arrêté, sera également déchu,
« sans indemnité, de son emplacement. Il pourra faire enle-
« ver les bâtiments qu'il y aurait construits.

« Les emplacements devenus ainsi vacants feront retour
« au Domaine, et ils seront concédés de nouveau avec le
« terrain de concession correspondant. »

Les obligations des emplacements sont distinctes de celles des terres. La déchéance pour les droits aux emplacements devait donc avoir lieu, dans le cas même où le concessionnaire se serait conformé aux autres prescriptions de l'arrêté, en ce qui concerne les terres concédées, et lors même que celles-ci eussent été accordées à titre définitif.

Mais afin d'avoir un moyen nouveau pour encourager ou pour forcer à l'exécution des obligations imposées pour les terres, l'arrêté prononce, par l'article 51, la déchéance des droits à l'emplacement, comme conséquence de la déchéance de ceux sur la concession de terre. Des concessionnaires qui auront une industrie, une boutique, qui tiendront, enfin, à ne pas perdre leur emplacement pour un motif quelconque, pourront, peut-être, se trouver de la sorte amenés à se décider à mieux remplir les obligations pour leurs terres.

D'ailleurs, le nombre des emplacements étant égal à celui des concessions dans les deux Plaines, il devenait juste, dès lors, que les emplacements fussent concédés de nouveau avec les terrains de concession correspondants dont les concessionnaires viendraient à être déchus de leurs droits.

CHAPITRE XV.
Obligations particulières imposées aux concessionnaires.

« Art. 52. — Les trois quards des terres concédées dans

« la plaine des Palmistes devront être consacrées à la cul-
« ture des grains, fruits et racines alimentaires. »

Cet article est la conséquence entière des principes de cet
arrêté, et l'application de ses considérants. Il fixe la destination spéciale que l'Administration veut assigner à cette localité : c'est l'obligation principale imposée aux concessionnaires
de la plaine des Palmistes.

A la discussion de l'article 38 (page 85), nous avons exposé, au sujet des obligations imposées aux concessionnaires
de la plaine des Cafres, la nécessité où l'Administration se
trouvait désormais d'éviter les fautes du passé et d'assigner
positivement aux concessions nouvelles la spécialité de leur
production.

Les prescriptions de cet article, reproduites dans tous les
rapports et dans toutes les discussions sur la plaine des Palmistes, ne se trouvent cependant, par une omission bien sin-
gulière, demandées par aucun projet, et même elles n'y font le
sujet d'aucun article spécial. Leur importance voulait cependant qu'elles fussent catégoriquement imposées.

« Art. 53. Les animaux conduits dans les pâturages com-
« muns n'auront pas la libre pâture, comme dans la plaine
« des Cafres : les dégâts qu'ils pourraient causer rentreraient,
« dès lors, dans le droit commun. »

Il n'y avait pas lieu d'admettre pour les concessaires de la
plaine des Palmistes, en raison du peu d'importance que doit
y avoir l'élève des animaux, l'exception faite au droit ordinaire en faveur de ceux de la plaine des Cafres. Les dégâts
que les animaux causeraient soit en allant dans les pâturages
communs, soit dans tout autre cas, seront donc passibles des
règlements et des peines portées par les lois sur la matière.

TITRE IV.

Des secours et des encouragements pour la colonisation.

CHAPITRE IV.

Dispositions diverses.

Dans les sciences mathématiques, pour résoudre un problème il faut, avant tout, le bien poser. Qu'une seule donnée
soit négligée et la solution est fausse. Pourquoi donc les pro-
blèmes sociaux ne se résoudraient-ils pas par des méthodes
analogues? Pourquoi ne les mettrait-on pas en sortes d'équa-
tions ; n'en simplifierait-on pas les termes ; n'opérerait-on
pas pour dégager *l'inconnue*, et pour arriver, enfin, à l'expression de sa formule?

C'est d'après cette méthode que nous sommes persuadé que l'Administration a dû élaborer et formuler l'arrêté du 4 novembre 1851. Et si nous n'avons pas été complètement au-dessous de la tâche que nous nous sommes imposée, on a dû en apercevoir les traces dans la discussion que nous avons faite de ces articles. S'il nous était permis, dans notre position, de personnaliser l'administration de M. le Gouverneur Doret, nous dirions, pour compléter notre pensée : Le problème social a été sans cesse catégoriquement posé. Quelle que soit la difficulté ou la délicatesse des questions soulevées, aucune n'a été rejetée ou ajournée, et une décision positive, et en dehors de toute influence, a sans cesse présenté une solution complète, sans essayer d'abandonner au hasard ou à l'avenir le soin d'aplanir les obstacles.

Quel est le but et quelle est la tendance, quels sont les moyens et quels sont les règlements qui seront employés pour arriver plus sûrement à la concession et à la colonisation des deux plaines des Cafres et des Palmistes?

Le but et la tendance, les règlements, nous les avons exposés déjà dans les titres précédents: nous n'y reviendrons plus. Les moyens d'exécution, nous les avons aussi développés dans la discussion de plusieurs articles; mais ici, nous le disons tout d'abord, ces moyens nous paraissent insuffisants, incomplets.

Développons notre pensée.

Quels devaient être les moyens d'exécution employés pour atteindre le but? Les moyens propres aux concessionnaires, ceux de la Colonie et ceux du Gouvernement local. Ces moyens auront trait précisément aux trois éléments eux-mêmes qui constituent, pour nous, en dernière analyse, la *propriété*, ou la constitution du droit de l'homme sur les choses : le travail, l'intelligence et le capital. (1)

Les moyens d'exploitation que présenteront les concessionnaires seront des bras et de l'activité, la connaissance théorique et pratique du pays et des choses; — mais, aussi, peu d'instruments de travail.

C'est-à-dire, qu'on aura les données suivantes:

Le travail pourra y devenir un maximum;

L'intelligence y atteindra, sans doute, une moyenne suffisante;

Mais le capital n'y sera, assurément, qu'un minimum.

Oui ! et il ne faut pas se le dissimuler, tel sera bien le véritable et triste état des choses. Les trois catégories premières de concessionnaires, ou les individus riches et aisés,

---

(1) Du droit de propriété, page 21.

nous dirons mieux, ceux qui auront des moyens propres pour commencer leur exploitation, ne voudront pas ou ne pourront pas, en tout état de choses, mettre dans leur exploitation au-delà du stricte nécessaire pour assurer la réussite de cette entreprise, ou bien un capital minimum. Les deux dernières catégories de concessionnaires, ou les nécessiteux et les pauvres, nous dirons mieux, les prolétaires, n'y apporteront nécessairement que leurs bras. L'élément capital sera donc un faible minimum.

Qui donc équilibrera la balance pour assurer l'avenir de la colonisation? La Colonie, le Gouvernement?

Disons-le tout de suite, les moyens propres de la Colonie sont nuls en ce moment: il n'y a rien à lui demander. Elle n'est pas remise encore de l'ébranlement donné à toutes les choses qui lui sont propres par l'abolition de l'esclavage; elle attend encore sa nouvelle réorganisation politique et administrative. Alors que son futur conseil général sera constitué, espérons que dans son patriotisme intelligent des véritables intérêts du pays, il pourra fournir, par des allocations spéciales, les moyens efficaces pour venir en aide à la colonie naissante.

Au Gouvernement local, jusque-là, revient forcément le devoir de compléter les éléments d'exploitation. C'est une obligation, une nécessité ; il l'a accepté du moment qu'il a proclamé l'opportunité et l'urgence de la colonisation des deux Plaines.

A lui donc,

A forcer et encourager le travail ;

A soutenir et guider l'intelligence ;

A multiplier et exciter le capital.

Le plus grand nombre des prescriptions de l'arrêté du 4 novembre développent ou tendent à développer et à assurer ces éléments de succès dans l'intérêt général: c'est l'esprit même de l'arrêté. Mais néanmoins, cet ensemble de dispositions n'est pas complètement suffisant pour assurer la réussite de l'entreprise au dernier point de vue, — celui du capital.

Le problème général de la colonisation des deux plaines des Cafres et des Palmistes est donc ramené, de la sorte, à la solution de ce dernier problème particulier :

Quels sont les moyens que le Gouvernement local, dans la situation actuelle de la Colonie, peut avoir à sa disposition, outre les prescriptions protectrices des titres précédents, pour venir en aide à la colonisation? Quelles sont les ressources nouvelles qu'il peut créer pour en assurer la réussite et l'avenir?

C'est le sujet du présent titre.

Citous de nouveau le rapport au Président de la République, sur la colonisation de l'Algérie, de M. le lieutenant-général d'Hautpoul, quand, après avoir rendu compte que l'Administration avait essayé tous les systèmes et appelé tous les concours, il se résume et conclut : « *L'Etat doit aider..... non plus par des subventions directes, mais par l'exécution des travaux publics et par d'efficaces encouragements à la production.* »

Quels sont ces encouragements auxquels le ministre fait allusion ? Ce sont les prêts et livraisons au-dessous du cours, d'animaux de travail, instruments, semences, arbres, etc.; des primes diverses, des achats par l'Administration des denrées principales; enfin la création d'institutions diverses civiles, administratives et religieuses, etc.; l'ouverture de routes et chemins.

Si tel était l'esprit, avons-nous dit jadis, du projet de la commission du 10 mai 1849, tel est bien plus particulièrement et à meilleur droit, pouvons-nous dire aujourd'hui, celui de l'arrêté du 4 novembre 1851, et spécialement du Titre IV, dont presque toutes les dispositions manquaient aux projets des commissions de janvier et de mai 1849.

Entrons dans la discussion particulière des articles.

« **Art. 54.** La confection de la route nationale de la Plaine
« sera continuée, suivant le mode prescrit par notre arrêté
« du 30 octobre 1850, et dans la proportion des allocations
« budgétaires de chaque année. Un arrêté d'administration
« fixera son futur tracé dans les portions non achevées, et
« ces travaux seront continués de préférence à tous autres
« travaux de routes ou de chemins dans l'intérieur de l'Ile. »

Voici des objections faites par la direction des ponts et chaussées, ou plutôt par M. l'Ingénieur colonial de Saint-Benoit, au sujet de la viabilité dans la plaine des Palmistes :

« Dans le 4ᵉ paragraphe de l'article 8 de l'arrêté du 4 novembre 1851, on fait, d'une manière générale, les réserves nécessaires à l'ouverture des routes et chemins; mais il n'est fait mention ni dans les articles 44 et 45 relatifs aux chemins communaux, ni dans l'article 54 qui indique le mode d'exécution de la route nationale, de chemins parallèles à cette dernière route et qui sont indispensables pour mettre en communication entr'eux les lots compris dans les divers carrés, autrement que par les chemins transversaux et la route nationale. Il résultera de cette omission une complication dans les rapports que ces divers carrés ou cantons doivent avoir les uns avec les autres; et tel colon placé à l'extrémité de son carré voulant se rendre dans le carré voisin, dont il n'est éloigné à vol d'oiseau que de 1,000 mètres, devra subir un parcours de 6,000 mètres ; encore ce parcours ne sera-t-il possible qu'autant qu'il existera des points au droit de chaque chemin transversal, soit sur la ravine Sèche, soit sur le bras Piton.

« Cet inconvénient, dont on peut facilement se rendre compte en jetant les yeux sur le plan-croquis de M. Textor de Ravisi joint à ses notes sur les ressources en eau de la plaine des Palmistes, disparaît complètement en ménageant, le long de chacun des grands cours d'eau cités plus haut, un chemin parallèle à la route nationale, et qui sera placé, l'un sur la rive gauche de la ravine Sèche, l'autre sur la rive droite du bras Piton.

« Cette disposition, si elle était acceptée par M. le Directeur de l'intérieur, pourrait s'effectuer en même temps que la division des grands carrés, et les terrains nécessaires à l'ouverture de ces chemins feraient naturellement partie de ceux réservés par le 4e paragraphe de l'article 8 de l'arrêté du 4 novembre dernier. »

Nous voudrions passer ces objections sous silence, tout au moins taire leur provenance. Cela n'est pas possible, et ce serait d'ailleurs inutile. Elles sont connues de tous les agents employés aux travaux du partage des terres, et, comme il paraît qu'on n'en a jamais fait mystère, elles sont également connues de plusieurs des personnes que la colonisation intéresse directement.

Disons-le tout de suite, M. le Directeur de l'intérieur, dans une lettre de février 1852, répondait, à ce qu'il paraît, à cette communication en approuvant les tracés proposés par la Direction de deux chemins parallèles à la route nationale, l'un sur la rive gauche de la ravine Sèche et l'autre sur la rive droite du bras Piton. On les tracerait tout en opérant les divisions des grands carrés.

Nous avons fait connaître précédemment quelles étaient les raisons qui avaient empêché, selon nous, l'Administration d'accepter le système de viabilité proposé par la commission de mai 1849. La directon des ponts et chaussées reproduit ici, à peu près, celui de la commission de janvier. (1) Il est ainsi conçu : « On tracera trois chemins dans le sens de la longueur de la Plaine, l'un sur la rive gauche de la ravine Sèche, l'autre sur la rive droite, et en dehors de la réserve de 10 mètres faite sur la rive ; le troisième au pied du rempart du morne Saint-François, à l'est de la Plaine. »

M. l'Ingénieur chargé des opérations de la plaine des Palmistes venant proposer lui-même d'effectuer ces tracés, en

---

(1) MM. de Ferrières et Naturel étaient membres de cette commission.

,même temps que la division des grands carrés, une pareille proposition devait être acceptée sans discussion et rendue immédiatement exécutoire. C'est ce qui a eu lieu.

Quant à l'omission, à cette complication que la direction des ponts et chaussées prétend que l'arrêté du 4 novembre a mis dans les rapports que les divers carrés ou cantons doivent avoir les uns avec les autres, nous la repoussons formellement. Nous ne pouvons en passer sous silence la réfutation.

C'est une allégation grave de la part de cette direction ; ajoutée à plusieurs autres elle a déjà trouvé trop de crédit dans le public. Quand l'attaque part, quelque voilée qu'elle soit, des agents mêmes chargés d'exécuter les vues de l'Administration, il est tout naturel que tous les intérêts particuliers des tiers froissés par les dispositions administratives viennent à se faire avec empressement des armes à double tranchant des dissidences des agents. Que l'on relise les lettres communiquées au *Moniteur de la Réunion* les 6 et 20 décembre 1851, que l'on recueille les bruits et les notes particulières au sujet de l'arrêté du 4 novembre 1851, et l'on se convaincra que c'est aussi parce que le public est persuadé (à tort ou à raison) que la direction des ponts et chaussées est systématiquement opposée à l'achèvement de la route nationale de la Plaine et à la colonisation des deux plaines des Cafres et des Palmistes (pour un motif ou pour un autre), que l'on s'est cru en mesure de pouvoir attaquer l'œuvre administrative.

Quoi ! l'arrêté ne fait pas mention, dit-on, de chemins parallèles à la route nationale, et qui sont indispensables pour mettre en communication entr'eux les lots compris dans les carrés? Ou l'on n'a pas lu l'arrêté, ou on ne l'a pas compris. Nous nous arrêtons à la première hypothèse.

L'arrêté dit: *Le mode de concession de la plaine des Palmistes sera exécuté au moyen d'un système de balisages rectangulaires..... Ces balisages seront espacés de deux mille mètres et couperont toute la surface de la Plaine en la partageant en carrés de quatre cents hectares... Ces balisages deviendront, autant que faire se pourra, l s tracés des futurs chemins communaux; de plus... il sera tracé, au milieu des grands carrés, un chemin,... dans le sens de la largeur de la Plaine... qui servira de sommet commun aux lots de concession.*

Ceci n'est-il pas clair, positif? La Plaine sera partagée, en PRINCIPE, *à l'instar d'un damier,* en carrés compris entre *quatre chemins* qui deviendront plus tard chemins communaux; de plus, un chemin sera tracé au milieu de chaque grand carré!

En vérité, nous ne savons sur quoi et comment la Direction a pu motiver l'opinion qu'elle a avancée. Serait-ce parce

que l'arrêté a employé l'expression *balisages rectangulaires?* (1)
Eût-elle voulu y mettre celle de *balisages parallèles?*

Mais non ; l'expression pour être ancienne n'en est pas
moins très géométrique, éminemment technique. C'est celle
que l'Administration a consacrée, que la commission du 10
mai a proposée; celle qui rend le mieux l'idée du système em=
ployé. Si la Direction n'a pas d'autres nouvelles objections,
son attaque tombe d'elle-même quant à sa puissance logique ;
il ne reste plus que le fait de son opportunité, qui ne nous
regarde nullement.

« Toute exploitation n'est fructueuse qu'à la condition de
débouchés suffisants. (2) » La route nationale de la Plaine,
dont nous avons établi l'importance par des considérations
spéciales, et par l'exposé de ses avantages réels et incontestables (3), qui traversera dans toute leur longueur ces deux
localités contiguës, qui est demandée par les deux communes
de Saint-Pierre et de Saint-Benoit, indépendamment de toute
colonisation des terres intérieures, devait être le premier encouragement que le Gouvernement avait à offrir à la colonisation, comme il était aussi le plus réel et le plus efficace.

Il serait superflu de rappeler ici toutes les vicissitudes de
la question de la route de la Plaine, les sympathies chaleu-
reuses et les antagonismes systématiques qu'elle a rencon-
trés (4). Les discussions budgétaires annuelles du Conseil
colonial en sont remplies. Disons seulement, que les discussions les plus vives des adversaires de cette route offrent néanmoins ces déclarations importantes et qui nous suffisent.

---

(1) Un rectangle est un parallélogramme qui a les angles droits :
l'expression rectangulaire s'applique à une figure qui a des angles droits.

Les balisages devront donc être entr'eux à *angles droits*; et comme
les perpendiculaires à une même ligne sont toutes *parallèles* entr'elles,
l'expression *rectangulaires*, appliquée aux balisages, était donc préfé-
rable et plus complète que celle de *parallèles.*

(2) « Toute exploitation n'est fructueuse qu'à la condition de débouchés suffisants. La commission a fait aboutir tous les chemins communaux, qui seront à ouvrir, à la grande route de la Plaine, dans l'espérance que cette route si essentielle, et dont mieux que personne vous
avez pu apprécier l'importance, sera enfin terminée par vos soins. »
(M. Hubert Délisle, lettre d'envoi du travail de la commission du 10
mai 1849, à M. le Directeur de l'intérieur.)

(3) Textor. Etudes sur les deux plaines, pages 27 et suivantes, 69,
85 et suivantes.

(4) Conseil colonial. — Patu de Rosemont, discussions, et rapports
adressés au nom des commissions chargées d'examiner l'état des dépenses militaires. (Session 1847 à 1848, entr'autres.)

ne s'opposent à l'ouverture ou à la continuation de
cette route , que parce qu'ils veulent, avant tout , le prompt
achèvement de la route de ceinture ; qu'ils ne considèrent la
route de la Plaine que comme une seconde ligne, excepté dans
ses deux extrémités qui fournissent un débouché important
aux habitants de deux des plus grands quartiers de l'Ile (1).

L'utilité et l'urgence de cette ligne est donc généralement
reconnue , et l'Administration de M. le Gouverneur Doret lui
ayant fait la position fixée par l'arrêté du 30 octobre 1850,
ou de route nationale , cette administration ayant de plus
donné satisfaction , cette année même , aux partisans exclusifs
de la route de ceinture, en prescrivant l'achèvement de cette
route dans le grand Pays-Brûlé , c'est à dire du Bois-Blanc à
la pointe de Takamaaka, ou plutôt au Tremblay, quelle administration pouvait être plus favorablement posée pour décider
définitivement l'achèvement de la route de la Plaine (2) ?

---

(1) Conseil colonial. — Sessions de 1836 et 1843, entr'autres.

(2) Le nouveau tracé de la route nationale dans le grand Pays-Brûlé
abandonne l'ancien tracé, le chemin actuel, et il passe beaucoup plus
haut vers le Volcan. Il ne coûtera, dit-on, que 180,000 francs pour un
développement de 15 kilomètres environ.

Si tel doit être le chiffre du coût des travaux de cette portion de la
route de ceinture, c'est une bien faible somme, en vérité, en vue du
résultat de faire jouir la Colonie des bienfaits qui résulteront pour
elle de la libre circulation de ses produits.

« Les bonnes routes, dit M. Lowel Edgeworth, mettent en rapport les
parties les plus distantes d'un vaste empire , facilitent les échanges,
augmentent les produits en multipliant les demandes, sollicitent une
circulation plus active des capitaux de l'agriculture et de l'industrie, et
policent les peuples en les enrichissant. L'agriculture les veut pour ses
produits , le commerce pour ses échanges et ses transports , l'industrie
pour ses approvisionnements et ses ventes , la haute administration
pour ses besoins, le luxe pour ses jouissances, le fisc pour ses produits,
la société entière pour son bien-être. »

La route du Grand-Brûlé achevée, il restera toujours, nous dira-t-
on, l'achèvement de la portion de Saint-Denis à la Possession, par la
montagne. Nous ne pouvons développer ici cette objection, mais vu que
les communications existent déjà sur cette route pour les piétons et
pour les cavaliers, et que les communications sont nombreuses et facile par la mer, vu que l'exploitation des terres de cette localité ne
réclame pas encore l'achèvement de cette portion de la route , on nous
permettra bien de dire que ce travail ne vient qu'après l'*achèvement*
de la route de la Plaine. Et nous le disons avec d'autant plus d'assurance que la direction des ponts et chaussées est incertaine encore de
savoir si l'achèvement de cette portion de route, selon le tracé actuel ,
ne coûterait pas davantage que l'ouverture d'un autre tracé. Cette
grande question doit donc au préalable être résolue.

M. de Ferrières propose actuellement, dit-on, l'ancien projet de la
route de ceinture par le bord de la mer, malgré les grandes et les nombreuses difficultés qu'il semble, au premier abord , que le tracé devra
rencontrer dans près de la moitié de son parcours.

Le chemin de Cilaos, ou la ligne unissant Saint-Pierre et les bains de Cilaos (en passant par Saint-Louis), et cette ligne continuée jusqu'à Saint-Denis, en passant sous les Salazes, d'abord, et sous les autres montagnes que l'on rencontrerait, au moyen de tunnels, par le bassin de la rivière des Galets, la Grande-Chaloupe ou le Brûlé de Saint-Denis, — ou bien encore en passant par le cirque de Salazie, le bassin de la rivière des Pluies, au moyen d'un tunnel, — cette ligne, disons-nous, proposée depuis longtemps par M. Guy de Ferrières, et soutenue de toute son influence, et de tout son talent, a sans cesse été présentée comme la rivale de la route nationale de la Plaine ou de cette ligne unissant Saint-Pierre et Saint-Denis, en passant par les deux Plaines et par Saint-Benoit.

Dans un rapport adressé à M. Sarda-Garriga, commissaire-général de la République à la Réunion, M. de Ferrières s'exprime de la sorte, au sujet de la ligne de Cilaos:

« Cette route aurait aussi de l'importance au point de vue de la défense de l'Ile, puisqu'elle relierait le chef-lieu avec le point de la côte diamétralement opposé. Ces idées ont été partagées par M. Roux, chef du génie militaire, et admises par l'Administration qui a déclaré, par l'organe du Commandant militaire, que la route stratégique à établir à Bourbon était celle qui conduirait de Saint-Denis à Saint-Pierre en passant par Cilaos. »

Faisant partie depuis longtemps des défenseurs naturels et avoués de la route de la Plaine, ayant émis et écrit sans cesse, depuis 1847, des opinions diamétralement opposées à celles-ci, si nous reconnaissons qu'il ne nous est pas permis, dans ces commentaires, de venir discuter et combattre le projet de M. de Ferrières, cependant M. de Ferrières n'étant plus le conducteur colonial qui proposait cette ligne, ni l'ingénieur colonial qui la soutenait, mais aujourd'hui l'ingénieur colonial chargé en chef du service des ponts et chaussées de la Réunion, nous pensons, du moins, que vu l'influence nouvelle que lui donne sa position actuelle, nous sommes dans l'obligation de présenter dès maintenant sur son projet, quitte à les développer plus tard s'il y avait lieu, les considérations suivantes.

Nous repoussons positivement tout parallèle ou tout antagonisme entre la ligne de la Plaine et celle de Cilaos *au point de vue de route stratégique, de route nationale, etc., enfin d'une route de première classe devant faire communiquer entre elles les deux parties de l'Ile, en passant par l'intérieur.*

Sans vouloir reproduire de nouveau les considérations que nous avons développées dans les Etudes sur les deux Plaines, ni celles que M. Patu de Rosemont a sans cesse proclamées avec tant de succès au sein du Conseil colonial, et qui ont amené particulièrement cette route au point d'exécution où elle se trouve actuellement, nous nous appuyons seulement, aujourd'hui, sur la topographie distincte du parcours des deux lignes. Nous nous appuyons sur la facilité que présente l'ouverture entière de la route de la Plaine, passant par la dépression de la chaîne des montagnes intérieures de l'Ile, entre le système du piton des Neiges et celui du piton du Volcan. Nous nous appuyons sur les difficultés physiques que la nature a semées, comme à plaisir, sur le futur tracé de la ligne de Cilaos, qui traverserait les localités les plus pittoresques, les plus tourmentées par les révolutions volcaniques. Nous nous appuyons, enfin, sur la grandeur de l'entreprise, en dehors de toutes les ressources présentes et futures de la Colonie, et sur le peu d'avantages que l'exploitation des terres intérieures retirerait de la ligne de Cilaos dont le parcours, dans les conditions les plus favorables, les plus inespérées, ne donnerait, en dernière analyse, qu'une différence *d'un dixième* au plus; faisant d'ailleurs une part très large aux obstacles que pourrait rencontrer la ligne de la Plaine.

La route de la Plaine mettrait en valeur les hauts de Saint-Pierre, la plaine des Cafres, la plaine des Palmistes, les hauts de Saint-Benoit, et elle servirait, plus tard, à exploiter les autres terres de l'intérieur de l'Ile, le cirque de Cilaos, la plaine des Salazes, les savanes de Cilaos et des Sables, etc., peut-être même Salazie, en reliant entr'eux les nouveaux chemins et les sentiers qui conduiront dans ces localités, quand le temps de leur exploitation serait arrivé.

Tels sont les avantages réels et incontestables de cette route : quels plus grands pourrait-on demander, dans l'île de la Réunion, à une ligne quelconque de communications? (1)

Nous donnons, dans les notes du Chapitre V du Titre III le rapport entier de M. de Ferrières. Les nombreuses discussions qui se trouvent aujourd'hui dans les ouvrages spéciaux sur les tunnels et le percement des montagnes, au sujet des chemins de fer, voire même dans les journaux des localités (à Maurice, par exemple, au sujet du percement du Pouce), permettront à la plupart des lecteurs de se former facilement une opinion sur le tracé proposé. Ils se rappelleront toutefois qu'il ne s'agit pas ici de perforer des laves scories, mais des laves basaltiques très dures.

Les considérations qui précèdent étant l'expression avouée de l'opinion publique, toutes les personnes qui connaissent

---

(1) Textor. Etudes sur les deux plaines, page 29.

les différentes localités à parcourir par les deux tracés s'étant prononcées, avec nous, pour la préférence *exclusive* à donner à la route de la Plaine, soit par une utilité plus générale, soit par une plus grande facilité des travaux à exécuter, etc. l'Administration, d'autre part, décidant, dans le premier paragraphe de l'article 54 de l'arrêté du 4 novembre 1851, que cette route serait continuée, *la continuation de ces travaux, de préférence à tous autres travaux de routes ou de chemins dans l'intérieur de l'Ile,* devenait donc la conséquence naturelle, logique, de la nouvelle position faite à cette ligne.

La rédaction n'a pas nommé la ligne de Cilaos, quoique cette disposition lui soit évidemment toute relative. Les partisans de cette ligne auraient grand tort cependant de s'en prévaloir ; car l'arrêté n'a voulu que poser une règle unique, et tout autre route ou chemin à faire plus tard dans l'intérieur n'est pas nommé davantage. L'Administration ne proclame, après tout, aujourd'hui, que le principe admis par elle en ordonnant la continuation de la route de ceinture par le grand Pays-Brûlé, celui admis également par les administrations précédentes, celui enfin de la préférence et de la primauté à donner aux travaux d'une route nationale, ou de première classe, sur tous les autres travaux similaires à faire.

Or, le *chemin colonial de Cilaos* ne peut, après tout, devenir *route nationale,* aux termes de l'arrêté du 30 octobre 1850, que par le choix préalable qui reste à faire entre les trois principaux tracés proposés par M. de Ferrières pour la seconde partie de son parcours, c'est à dire à partir du tunnel des Salazes, et aussi par la preuve à offrir, au préalable, que ce chemin est possible à exécuter, c'est à dire qu'il pourrait *servir de communication entre les deux arrondissements de l'Ile en passant par l'intérieur.*

Les habitants de Cilaos et de Saint-Louis ont demandé de changer à leurs frais le tracé du chemin de Cilaos dans la moitié de son parcours dans le cirque de Cilaos ; c'est à dire du piton Robert aux rampes des eaux thermales, ou sur un développement d'environ 17 kilomètres. Ce tracé donnerait, dit-on, la possibilité de se rendre aux eaux sans être exposé au moindre danger, et relierait entr'elles les terres comprises entre le rempart de l'Entre-Deux et le bras Rouge, ferait exploiter de nouvelles terres, etc. (1). Ce changement est sans doute très avantageux et très important pour les ha-

---

(1) 33 kilomètres de l'embranchement de la route de Cilaos avec la route nationale à Saint-Louis jusqu'aux sources thermales. — Arrêté du 29 août 1839.

bitants, mais il est facile de reconnaître qu'il ne change rien à ce que nous avons avancé sur l'ensemble du parcours du chemin de Cilaos.

Ce chemin de Cilaos a été voté par le Conseil colonial le 13 juin 1840, sur une proposition de M. Bellier de Villentroy, ainsi conçue : « L'ouverture de la route qui conduira à Cilaos « sera à la charge du trésor colonial. »

Mais l'auteur de la proposition et le Conseil n'ont entendu demander que le chemin unissant l'îlette de Cilaos, soit à Saint-Pierre, soit à Saint-Louis. C'est ce qui est formellement exprimé dans le procès-verbal de la séance. « *On fera le chemin*, dit M. de Villentroy, *là où il sera le plus facile à faire et le plus utile.* »

M. de Ferrières, alors conducteur colonial des ponts et chaussées, et qui avait dressé le plan de la plaine des Etangs, ou de Cilaos, après avoir d'abord proposé la route à ouvrir en la faisant passer par la plaine des Cafres (cela eût été presque la moitié du chemin de la Plaine, tel que nous en demandons le tracé), se décida plus tard à la proposer par le lit du bras de Cilaos. C'est ce tracé qu'il a fait adopter et qui se poursuit aujourd'hui encore.

Nous sommes encore obligé de le dire, car il s'agit ici d'une trop haute question d'intérêt local, et nous taire serait une insigne condescendance ; malgré tout le talent que chacun accorde, et à juste titre, à M. de Ferrières; malgré sa hardiesse de conception dans le tracé des routes, et son mérite dans leur exécution ; malgré les sommes énormes que la voie de Cilaos a déjà coûtées et les nombreuses journées de travail qui y ont été dépensées ; malgré la direction intelligente des travaux par un conducteur des ponts et chaussées de la métropole, en l'absence de la direction paternelle de l'auteur du projet, — cette voie de Cilaos, ouverte sur le flanc des remparts et au bord des précipices, n'est actuellement encore qu'un sentier où les cavaliers ont défense de passer, depuis des accidents récents, où les piétons ne cheminent souvent qu'en frissonnant, et où les voitures ne circuleront jamais, à moins de vouloir y consacrer la totalité, et plus, des allocations du budget des ponts et chaussées de la Réunion.

Nous avons parlé de la viabilité dans la plaine des Palmistes, mentionnons aussi celle de la plaine des Cafres, car le développement et la prospérité de toutes les exploitations sont impossibles sans voies faciles de communication avec les centres de consommation. « On peut définir, dit M. Lowel Edgeworth, les chemins en bon état un appareil mécanique nécessaire à la civilisation. Ils en sont à la fois la preuve et l'instrument. »

La plaine des Cafres est traversée, dans toute sa longueur, par un tracé de la route de la Plaine. Le terrain est tellement favorable que chacun passant indifféremment par la ligne qui lui convient, il en résulte plusieurs sentiers dans une même direction. La confection de cette route y serait d'autant plus facile que le terrain se présente sous une pente très douce. Le sol est ferme et sans accidents ; les matériaux d'empierrement s'y trouveraient facilement. (1)

La route de la Plaine a été décrétée par le Gouvernement ; elle se fera. Mais avant son achèvement, pour satisfaire aux besoins des habitants , pour permettre aux concessionnaires d'y transporter leurs effets et d'en extraire leurs produits, il faut au moins entretenir le chemin actuel ; il devient réellement impraticable et les plaintes qu'on adresse à ce sujet sont réellement fondées. Lors des tournées des gouverneurs, un atelier de quelques hommes passe rapidement dans le chemin, il est vrai, on coupe les brousses qui ont envahi le chemin ; on jette quelques pierres ou quelques mottes de gazon dans les plus grandes ornières et les rigoles les plus profondes creusées par les pluies ; mais , une fois cela fait , en voilà pour plusieurs années, c'est-à-dire jusqu'au nouveau passage d'un nouveau gouverneur par le chemin de la Plaine!

Puisque la colonisation est décrétée, que les concessionnaires puissent donc, au moins, compter, dès le commencement, sur l'entretien et sur la réparation du chemin actuel.

Enfin, pour venir plus promptement en aide aux progrès de la colonisation, il faudrait peut-être que l'Administration rappelât aux ponts et chaussées l'ancien principe voté par le Conseil colonial et qui semble aujourd'hui complètement oublié (témoins les travaux de la route de ceinture au Tremblay, à la rivière du Mât, ceux de la route de la Plaine, etc.), *c'est que les routes seront d'abord ouvertes , puis macadamisées.* Pour n'avoir pas suivi ce principe, dit M. Malavois, il est arrivé que de très grandes portions de route ont été faites et ferrées à grands frais, et que pendant plusieurs années cet empierrement coûteux n'a été d'aucune utilité. C'est surtout dans les climats secs que l'application du principe proposé par la commission est avantageux. (2) »

---

(1) Textor. Etudes sur les deux plaines.

(2) Conseil colonial, 21 novembre 1835. — **M. Maingard**, rapporteur :
« 1ᵉʳ *Principe*. — La route royale sera ouverte sans être macadamisée d'abord. Le mac-adam sera mis immédiatement après que la communication aura été établie.
« 2ᵉ *Principe*. — Les journées, en plus ou en moins dans l'année courante , seront partagées par l'Administration, au prorata des répartitions.

L'article 8, § 4, réserve les terrains nécessaires à l'ouverture des routes et chemins entrepris par le Gouvernement ou par la commune; les tracés des chemins qui existent actuellement dans la plaine des Cafres sont donc nécessairement réservés. Ce sont, dans la partie Ouest, le chemin Cabeu ou du bras de Ponteau, et, dans la partie Est, le chemin Kvéguen ou de la ravine Blanche. Ce sont encore, le chemin du piton des Neiges, qui recevra ultérieurement les embranchements des chemins du cirque de Cilaos et de la plaine des Salazes, et celui du Volcan, ou des grandes Savanes, qui recevra les chemins des plaines des Sables et de Cilaos.

Le tracé du chemin que nous appelons ici piton des Neiges, connu de tous les créoles de la localité et pratiqué par eux, a été adopté par M. de Ferrières, alors qu'il proposait la communication avec les eaux thermales de Cilaos en passant par la plaine des Cafres. Il dit à ce sujet qu'il ne parlerait plus de ce projet de tracé d'une route à Cilaos par la plaine des Cafres, s'il n'avait entendu dire que quelques personnes, lui opposant ses propres idées, n'avaient voulu faire revivre ce projet, lequel n'a été conçu par lui qu'à une époque où il ne connaissait pas les lieux, et qui, comme on peut en juger, est au-dessous de toute critique et ne supporte pas le plus léger examen.

Nous ne le pensons pas ainsi, et nous trouvons, en vérité, que M. de Ferrières est trop sévère, dans cette circonstance, pour ses conceptions. Nous nous rangeons au nombre des personnes auxquelles il veut faire allusion, et nous disons encore positivement, que ce projet doit être repris *au point de vue d'unir Cilaos avec la route de la Plaine*, c'est-à-dire avec Saint-Pierre et Saint-Benoit, avec Saint-Denis.

Ce tracé serait plus avantageux que le tracé actuel, serait plus court (1), plus agréable, et il faciliterait aux malades l'accès des eaux thermales (que la difficulté d'y arriver empêche seule d'être plus fréquentées), tout en donnant un débouché plus considérable aux produits de cette localité.

A la discussion de l'article 34, nous avons dit que 60 hectares étaient réservés, dans la plaine des Cafres, pour le cas

---

« 3ᵉ *Principe.* — Il est bien entendu que le Gouvernement est dans son droit, en faisant achever les travaux lorsqu'il y a urgence.

« *M. Laprade.* — Dans le cas où la somme en argent ne serait pas entièrement consommée, l'Administration pourrait convertir cet excédant en journées de travailleurs. »

(1) En prenant, en effet, les chiffres officiels de l'itinéraire des routes de la Colonie (29 août 1849), et ceux du rapport de M. de Ferrières que nous n'admettons évidemment, quant à nous, que comme des *maxima*, on aurait, néanmoins *encore*, les résultats suivants :

où la commune demanderait plus tard la fondation d'un bourg. Nous avons omis de dire à ce sujet que la position de ce village devait être, selon nous, sur la rive droite du bras de Ponteau, entre les pitons Marouvalou ou Maravalave et le pied des contre-forts du piton de la Grande-Montée, par suite des ressources en bois et en eau que présente cet endroit, et sa position centrale. M. Margerie, curé de Saint-Pierre, se propose d'y faire construire une petite chapelle. Cette pieuse fondation sera une bonne fortune pour cette localité ; elle y attirera et y maintiendra bien des gens ; aussi ne pouvons-nous ici que souhaiter bien ardemment que M. Margerie réussisse dans son entreprise, et qu'une pareille création ait lieu aussi au bourg de Sainte-Agathe, comme ici, même avant sa fondation : c'est un puissant moyen pour encourager la colonisation.

Le nouveau tracé de la route de la Plaine doit passer très probablement par cet endroit ; s'il en était autrement, il faudrait aussi ouvrir un chemin pour rallier ce plateau à la route.

« Art. 55. Les concessionnaires seront affranchis, pen-
« dant les quatre premières années de leur séjour dans l'une
« des deux plaines, de toute portion de contributions directes
« ou indirectes afférent au Trésor colonial, sans préjudice,
« toutefois, de tous droits perçus dans l'intérêt de la com-
« mune. »

La remise de toute la portion de contributions directes ou indirectes afférent au Trésor colonial devait être accordée aux deux localités des Palmistes et des Cafres. C'est un capital

Des bains de Cilaos à Saint-Pierre, en passant par le côteau des Embrevattes, le côteau Maigre et le piton de Villers, etc... **88 k.**	Des bains de Cilaos à Saint-Pierre, en passant par Saint-Louis, etc................... **45 k.**
Des bains de Cilaos à Saint-Benoit, en passant par la plaine des Cafres et la plaine des Palmistes, etc.................. **82 k.**	Des bains de Cilaos à Saint-Benoit, en passant par Saint-Louis, Saint-Pierre, la plaine des Cafres, la plaine des Palmistes, etc. **94 k.**
	De Saint-Denis aux bains de Cilaos, en passant par Saint-Paul, Saint-Louis, ou par la partie Sous-le-Vent, etc.............. **130 k.**
Des bains de Cilaos à Saint-Denis, en passant par les deux plaines, par Saint-Benoit, etc.. **122 k.**	De Saint-Denis aux bains de Cilaos, en passant par Saint-Benoit, le grand Pays-Brûlé, Saint-Pierre, Saint-Louis, etc.......... **168 k.**

Mais à quoi bon citer ces comparaisons de distances, si notre assertion est vraie, que le tracé actuel de la route de Cilaos, de Saint-Louis aux eaux thermales ne pourra jamais être rendu accessible aux voitures, à moins d'une mise de fonds en dehors de toutes les ressources de la Colonie.

fictif, dit-on, et qui pour cette cause est souvent accordé plus facilement. C'est possible ; mais il n'en sera pas moins ici un encouragement efficace, un capital réel qui facilitera la marche de l'entreprise.

La législation coloniale n'ayant pas déterminé les causes pour lesquelles l'Administration pouvait accorder des dégrèvements d'impôts directs, la position précaire et intéressante de la masse des futurs concessionnaires, les secours et les encouragements dont ils avaient besoin, étaient des motifs devant être considérés comme suffisants. L'ordonnance organique du 21 août 1825 — 22 août 1833, l'ordonnance royale du 22 novembre 1841, et enfin le décret du 27 avril 1848 donnent au Gouverneur les pouvoirs nécessaires pour accorder ce dégrèvement général de contributions directes ou indirectes.

Cette faveur a des précédents dans la Colonie. L'arrêté du 1er décembre 1831 et le décret du 11 octobre 1836 exemptaient de l'impôt de capitation les habitants et les noirs de Salazie pendant neuf ans.

L'arrêté du 4 novembre 1851, ayant fixé à quatre années la concession provisoire des terres concédées, devait également prendre ce laps de temps pour la remise des impôts, et laisser l'Administration maîtresse de l'avenir pour accorder plus tard, s'il y avait lieu, une nouvelle remise ou modération, décharge ou réduction dans les contributions des concessionnaires.

Les droits de la commune sont expressément réservés, et la dernière disposition de l'article 55 est la conséquence du principe de l'article 28. La commune règlera donc elle-même, annuellement, et selon la législation coloniale en vigueur, d'après les rôles ordinaires, la portion de taxes dont elle a besoin pour acquitter ses charges.

« Art. 56. Sur la proposition de la commission, il sera
« accordé par l'Administration aux concessionnaires des 4e
« et 5e catégorie, pendant la première année de leur séjour
« dans l'une des deux plaines, des secours provenant des
« fonds coloniaux.

« Ces secours ne dépasseront pas cent francs par conces-
« sionnaire, seront, autant que possible, en nature, et con-
« sisteront en riz, semences, instruments d'exploitation,
« animaux, etc. La moitié de la somme allouée sera donnée
« immédiatement au concessionnaire, et l'autre moitié à une
« époque déterminée qui ne pourra pas dépasser six mois. »

Nous avons établi, dans le cours de ces commentaires, la nécessité d'une nouvelle colonisation intérieure, basée, entr'autres considérations, sur l'urgence de chercher à améliorer le sort des trop nombreux prolétaires de la Colonie, de satisfaire leur aspiration incessante à la propriété, et de leur présenter un travail utile à eux-mêmes et à la Colonie, plus en harmonie avec leurs goûts et avec leurs tendances.

Mais ne faire que donner une concession de terre à des gens dont le plus grand nombre d'entr'eux n'ont que leurs bras pour tous moyens d'exploitation, quels que soient les avantages réels que leur offriraient d'ailleurs les dispositions du présent arrêté, tout cela serait-il suffisant pour les faire arriver au but projeté, pour en faire des concessionnaires sérieux, des colons qui produiraient d'abord pour subvenir à leur subsistance et à celle de leur famille, ensuite qui enverraient le surplus de leurs produits sur le littoral pour l'échanger contre tous ces objets de consommation dont se compose aujourd'hui le bien-être des classes inférieures de la société.

Assurément non ! Nous l'avons dit, tout à l'heure, leur capital d'exploitation est nul. Nécessité, dès lors, au Gouvernement de leur venir en aide.

Il était indispensable, en effet, d'accorder des secours en argent aux concessionnaires des deux dernières catégories. Chefs de famille, dénués de moyens et de ressources, sans aucun crédit, — n'en faisons pas des concessionnaires, ou bien accordons-leur le pain quotidien du travailleur, en attendant que la terre, *alma parens*, le leur donne à son tour, en récompense de leur travail.

Pour produire des *vivres*, il leur faudra abattre les bois et les brûler, défricher les terres et les ensemencer : or pour abattre, brûler, défricher et ensemencer il faut des fonds, des avances. Ce sont de ces déductions triviales ; mais aussi de ces déductions fatales, qui bravent toutes les combinaisons et tous les systèmes ; de ces vérités de M. de la Palisse où il faut forcément aboutir, auxquelles on ne peut échapper.

Cent francs pour les concessionnaires des 4e et 5e catégorie, autant que possible en nature, tel est l'encouragement offert par l'article 56. C'est un prêt accordé à l'intérêt général, c'est un escompte de l'avenir ; c'est un essai d'organisation du travail qui fait concourir le pauvre lui-même au bien-être de tous ; c'est une avance que l'avenir eût peut-être été forcé d'accorder à l'oisiveté et à la faim ; c'est une bonne œuvre à la chose publique.

Cette disposition attirera, sans doute, aux dernières catégories un grand nombre de membres intéressants et honnêtes des différentes classes pauvres de la société coloniale, et *rien que ceux-là* si les dispositions de l'article 13 ont été exécutées.

Ces concessionnaires travailleront immédiatement, car la moitié seulement de l'allocation leur aura été donnée ; ils, seront occupants sérieux., car l'autre moitié ne leur sera accordée que sur les lieux, comme conséquence de leur présence et d'un travail constaté. Ils accompliront, de la sorte, les premières obligations de la concession ; alors les travaux faits et les peines essuyées, les espérances de l'avenir les attacheront au sol, et leur donneront la persévérance pour arriver à devenir propriétaires définitifs. Non, ils n'abandonneront pas les lieux, comme on se plaît à le faire présager de leur humeur inquiète et changeante, car ils n'auraient en perspective que la déchéance de tous leurs droits de concessionnaires, et ce dénuement de leur ancienne position sur le littoral de l'Ile, auquel ils avaient cru échapper.

La commission de janvier 1849 proposait la disposition suivante : « Pour la première année à partir de la date de la promulgation du présent arrêté, il pourra être accordé un secours en riz, à raison de cinquante décagrammes par individu et par jour, à ceux qui justifieront de leur état d'indigence.

« Ce secours sera délivré à la mairie de la localité, sur certificat d'un agent nommé par l'Administration (l'agent de la colonisation) constatant le degré d'avancement des travaux de défrichement et de mise en culture des terrains concédés. »

Cent francs, — c'est peu, bien peu, nous le reconnaissons. Mais les ressources actuelles de la Colonie ne permettaient pas à l'Administration d'accorder un encouragement plus considérable. Remarquons qu'ici encore l'arrêté réserve pleinement l'avenir, car il accorde le secours pour la *première année*. L'Administration a satisfait aux exigences du présent ; l'avenir appartient au Conseil général. (1)

« Art. 57. Une somme de mille francs, accordée sur le
« Trésor colonial, sera affectée chaque année à des primes
« d'encouragement aux diverses branches de l'industrie agri-
« cole qui doivent principalement être favorisées dans ces
« localités, savoir: l'élève des animaux ; la culture des plan-
« tes fourragères, des grains, des fruits et racines alimen-
« taires ; l'éducation des abeilles et l'industrie séricicole »

Considérant qu'il importe, dès le début de la colonisation, d'introduire de bonnes méthodes d'exploitation agricole, qu'il importe surtout d'encourager les principales branches d'industrie qui doivent faire la prospérité de la nouvelle colonisation, l'élève des animaux, la culture des plantes nourricières, l'éducation des abeilles et l'industrie séricicole, l'article 57 consacre annuellement une somme de mille francs en primes

---

(1) Commentaires, page 10.

d'encouragement. La commune pourra, et devrait même plus tard, augmenter la quotité de cet encouragement.

Le mûrier croît indigène dans la plaine des Palmistes, et la douceur et l'égalité de la température de cette région doivent faire penser que l'éducation des vers à soie pourrait y réussir avantageusement en l'entourant de précautions locales. Cette industrie devra être l'objet de toute la sollicitude intelligente du Comité d'griculture, si l'on veut qu'elle s'introduise dans la Plaine. Quelles ne sont pas les difficultés que cette industrie, qui semble si facile à propager, rencontre pour réussir à Salazie, malgré les efforts intelligents et les sacrifices incessants de l'Administration, du Comité séricicole de Sainte-Suzanne et des habitants!

L'éducation des abeilles était aussi à encourager, par la facilité qu'elle présente et la qualité supérieure du miel de ces localités (miel vert à la floraison des mimeuses hétérophyles et des bois de tans rouges).

Apanage des femmes et des enfants, l'industrie séricicole et l'éducation des abeilles, qui, dans cette Colonie comme en France, du reste, n'ont réellement réussi encore que tentées sur une petite échelle, sont destinées, par les soins du Comité d'agriculture, à venir en aide aux petits concessionnaires et a augmenter leur bien-être.

Le principe des primes d'encouragement est consacré par l ordonnance organique du 21 août 1825 — 22 août 1833, au détail des attributions du Directeur de l'intérieur. (1)

« Art. 58. Un comité d'agriculture sera créé pour les deux
« plaines, et aux attributions conférées par l'arrêté du 8 août
« 1839, se joindront celles ayant pour objet: l'établissement
« et la surveillance des concours, la proposition des primes.
« d'encouragement aux diverses branches de l'industrie agri-
« cole, enfin la distribution des primes, après l'approbation
« de l'Administration. »

L'agriculture est la richesse, ou plutôt l'existence même de la Réunion; le Gouvernement lui doit donc protection et encouragement. Un grand nombre d'arrêtés anciens et nouveaux (et par dessus tout la prospérité agricole de la Colonie), témoignent de sa constante sollicitude à cet égard.

Combien pourtant n'y a-t-il pas encore à faire, mais particulièrement par suite de la non exécution des arrêtés anciens.

---

(1) Ses attributions contiennent.... la direction de l'agriculture et de l'industrie, les améliorations à introduire et les propositions des encouragements à donner;... les troupeaux et les haras du Gouvernement, les mesures pour l'amélioration des races, etc.
(Titre III, — Chap. II, — Sect. 1, — Art. 104, § 23.)

Aussi, pour ne citer que ce qui a trait au sujet spécial qui nous occupe en ce moment, nous dirons qu'un arrêté du 8 août 1839 créait dans la Colonie un Comité d'agriculture. Eh bien ! il avait cessé d'exister, jusqu'à l'année dernière où M. Desprez, maire de Sainte-Suzanne et son ancien vice-président, le fit revivre pour s'occuper de l'industrie séricicole. (1) Le Comité n'avait pas été dissout, il avait seulement cessé de fonctionner et une convocation suffisait pour le reconstituer. Mais ce que nous disons n'en existe pas moins. Cette belle institution est à peine connue, et la Colonie ne jouit pas des bienfaits qu'elle serait en droit d'en attendre.

Nous ne pouvons dire ici toutes les causes qui auraient amené la chute de cette institution, mais seulement celles qui ont trait à notre sujet.

La première, ou plutôt la plus importante, c'est que sa création n'était pas complète, qu'il n'était pas donné à ce comité une action assez immédiate sur les diverses branches de l'agriculture, qu'il n'avait pas dans ses attributions le pouvoir d'établir ou seulement de proposer des concours et des primes d'encouragement pour assurer l'exécution des principes d'économie agricole dont il était le promoteur.

L'arrêté du 4 novembre 1851 crée aussi un Comité d'agriculture pour les deux plaines, calqué sur celui du 8 août 1839; mais en ajoutant à ses attributions les moyens qui manquaient à la première institution pour exister longtemps, et pour remplir la mission qui lui était confiée. (2)

Les autres encouragements donnés à la Réunion à l'agriculture ou au travail existeront naturellement aussi dans les plaines (3) : nous voulons parler particulièrement ici de la fête du travail et des récompenses qu'elle consacre. Les prix n'ont été jusqu'ici, malheureusement trop souvent, que des récompenses données, non pas aux meilleurs travailleurs, mais aux meilleurs sujets, voire même aux meilleurs domestiques: on en a presque fait des espèces de prix Monthyon. C'est un tort. Tel n'est pas l'esprit de l'institution. On lit bien dans le décret du 27 avril 1848 : « Il sera distribué un prix accordé au travailleur (homme ou femme) qui se sera le plus distingué par sa bonne conduite. Mais *bonne conduite,* s'entend, ici, dans le travail, et même dans le travail agricole. Que l'on rapproche cette disposition des considérants du dé-

---

(1) M. Desprez est le président de la Société séricicole de la Réunion fondée en avril 1851.

(2) Commentaires, page 28.

(3) Au budget de la Réunion il existe une prévision ayant pour titre: Encouragements à l'agriculture.

cret et des observations du rapport, et l'on verra que toute autre interprétation est fausse. On lit :

« Considérant que l'esclavage a déshonoré le travail aux colonies ;

Qu'il importe d'effacer par tous les moyens possibles le caractère de dégradation dont la servitude a marqué l'agriculture ;

Que des récompenses données aux meilleurs travailleurs ajouteront encore à l'heureuse influence de la liberté sur les mœurs, etc. (1) »

« Art. 59. Les établissements agricoles d'utilité publique,
« ci-après mentionnés, pourront être ultérieurement créés
« par l'Administration, savoir :

« 1° une ferme de discipline où seront subies les condamna-
« tions corporelles de simple police prononcées conformément
« à l'article 4 du présent arrêté ;

« 2° Une ferme de travail et de secours, où seront em-
« ployés les ouvriers inoccupés, et logés et entretenus les
« vieillards et les infirmes ;

« 3° Une ferme-modèle, affectée à l'introduction et à la
« propagation, par la pratique, des meilleures méthodes de
« culture et de l'élève des animaux ;

« 4° Deux fermes pour les enfants, imitant l'une l'institu-
« tion de Petit-Bourg, et l'autre celle de Mettray. »

Plusieurs établissements dont l'utilité a été reconnue évidente pour l'avenir de la société ont été fondés en France, comme pénitenciers, ateliers de travail, fermes-modèles, etc. Si ces fondations ont obtenu un suffrage général dans la métropole, celui de la Réunion peut-il leur manquer ? L'arrêté les a créés dans les deux plaines : ils seront utiles à l'avenir de la société créole et ils assureront, en même temps, la culture et l'exploitation de la plaine des Cafres et de la plaine des Palmistes.

Les ateliers de discipline destinés à la répression du vagabondage et de la mendicité ont été constitués définitivement dans les colonies par l'arrêté ministériel du 27 avril 1848, et à la Réunion par l'arrêté du 23 décembre 1848. (2)

Les individus qui ont été condamnés à cette peine sont employés aux travaux des différents services publics de la Colonie, ou à la culture des domaines de l'Etat.

L'arrêté du 4 novembre ne mentionne pas cette institution, puisqu'elle existe déjà, mais il crée *une ferme de discipline*.

---

(1) Voir au Chap. V du Titre III les observations de la commission instituée pour préparer l'acte de l'abolition immédiate de l'esclavage.

(2) Le premier arrêté était du 17 juin 1846.

Elle sera destinée à remplacer les geôles ou prisons des autres communes de l'Ile, et ce sera un lieu de réclusion où le travail obligatoire sera celui de la terre. La ferme sera régie conformément à l'arrêté du 10 avril 1848 et au règlement du 26 juillet 1848. Les disciplinaires seront employés à la culture des domaines de l'Etat. Ils seront rendus utiles à la chose publique, et en tout cas ils paieront les dépenses qu'ils occasionneront.

Un pénitencier dans le genre de celui de *Mettray* est une de ces institutions dont la Colonie avait besoin. On sait qu'on s'y propose pour but de ramener à la vertu et à la probité de malheureux enfants que de mauvais exemples avaient portés au mal. Qui les a perdus? L'ignorance ou la faiblesse de leur âge. Comment les ramener dans le droit sentier? Par l'instruction morale et religieuse, par de salutaires habitudes de travail. L'institution de Mettray, si connue, nous dispense de tous autres détails.

Si l'on admet la ferme pénitenciaire pour les enfants, on admettra comme conséquence une autre ferme sur le modèle de celle de *Petit-Bourg*. Qu'il n'y ait pas, en effet, que les enfants qui ont commis des fautes qui soient admis aux bienfaits de l'éducation morale et professionnelle. Le malheur de leur position empêche bien souvent de pauvres gens de veiller, comme ils le voudraient, sur leurs enfants, et de pouvoir les diriger. C'est à la société qu'appartient le devoir de remplir cette tâche et de combler leur impuissance.

On a reconnu en France les difficultés du patronage, au moyen des placements des enfants dans les ateliers industriels. Ces difficultés existent bien davantage encore dans la Colonie.

Tel est l'esprit de ces deux fermes, de ces deux institutions pour les enfants ; l'une imitant l'institution de Petit-Bourg et l'autre celle de Mettray. Qu'elles soient comprises, propagées, leur influence salutaire est certaine. Avec elles, la Réunion n'aura plus rien à redouter dans l'avenir des fils de ses prolétaires et des fils de ses esclaves affranchis.

Une ferme de travail et de secours est aussi établie. Celle de discipline sera le *séjour forcé* de l'homme qui n'a pas voulu travailler ; celle-ci sera le *refuge* libre et momentané de l'homme malheureux qui vient chercher un travail qui l'a abandonné, ou, dans les temps de chômage, un travail qui n'est pas assez abondant pour satisfaire à ses besoins.

Les ateliers nationaux étaient établis dans les colonies par un décret du gouvernement provisoire et un arrêté ministériel en date du 27 avril 1848. (1)

____

(1) En effet, la Colonie renferme moins de travailleurs que ses

Il ne s'agit pas ici de renouveler, encore moins de faire l'application du principe général que la société doit assurer à tous le droit au travail. (1)

Les conférences du Luxembourg pour la théorie, et les ateliers nationaux de Paris pour la pratique, ont démontré que ce principe humanitaire ainsi formulé ne pouvait pas être appliqué dans l'état actuel de la société.

Il ne s'agit donc ici ni de cette grande institution, ni de ce grand principe, mais seulement d'une création philantropique commandée par des circonstances locales et spéciales, d'un établissement agricole propre à concourir à assurer la colonisation de deux localités importantes. Les travailleurs de cette ferme seraient particulièrement employés à l'exécution des travaux communaux, travaux de défrichements, de terrassements, de chemins, etc.

Si les deux Plaines doivent être des colonies agricoles, une *ferme-modèle* y est aussi une institution d'une incontestable utilité. Là seraient enseignées et mises en pratique les meilleures méthodes; là seraient faites les expériences agronomiques qui régleraient les cultures dans la localité.

La ferme de secours et la ferme-modèle, outre leurs buts spéciaux, devront avoir une même tendance. Elles doivent être pour les hommes ce que la colonie de Petit-Bourg est pour les enfants. Tout doit y tendre à ce résultat moral.

Que l'on prescrive, par exemple, que les prolétaires ou les anciens affranchis qui voudront ultérieurement travailler pour la commune, ou pour le Gouvernement, dans les localités intérieures, de même que ceux qui désireront obtenir dorénavant des terres en concessions gratuites, doivent y faire un certain temps de séjour; qu'on y place à titres différents les créoles nécessiteux, les affranchis, enfin les différents travailleurs qui s'y présenteront, on pourra s'y proposer alors de détruire le mal que les fermes et les ateliers de discipline atténuent, mais ne guérissent pas. On pourra s'y proposer de moraliser ces hommes au moyen du travail, et après tout, de leur apprendre les meilleures méthodes indiquées par l'agronomie.

---

besoins ne le comportent, et si en ce moment beaucoup de ces derniers sont inoccupés, c'est que la frayeur et la défiance générales ont suspendu une foule d'opérations très nécessaires. Que la confiance, que le crédit renaissent, et bientôt ce seront les bras qui manqueront au travail, ainsi que nous l'avons déjà dit. »

(M. A. de La Serve. Rapport pour la conservation du travail, 1848.)

(1) Application du principe VIII et de l'art. 13 de la Constitution de la République française du 4 novembre 1848.

L'Administration a senti toute l'importance de ces établissements. Dans ces deux localités seulement ils pourront être
avantageusement essayés. Là seulement ils ont chance de
réussite et ils seront réellement utiles.

Il faut la fondation d'une colonie agricole pour installer
ces établissements et leur faire remplir leur but. Là, ni can-
tines ni endroits où le travailleur journalier puisse perdre sa
santé, son temps et son argent; où l'enfant puisse voir et
entendre ce qu'il doit encore ignorer. Au contraire, bons
exemples, surveillance continue, difficulté de faire des fautes,
et surtout travail réglé et facile.

Ces établissements doivent compléter la colonisation des
deux Plaines. L'arrêté dit qu'ils seront *ultérieurement créés
par l'Administration*. C'est-à-dire qu'ils ne le seront pas avant
que tout prenne une marche assurée et présageant le succès.
C'est alors seulement qu'ils seront faciles à établir en les
calquant judicieusement sur ceux de la Métropole; c'est alors
seulement qu'ils seront utiles et qu'ils coûteront peu de frais
d'installation. Au bout d'un temps donné ils se suffiront à
eux-mêmes, ils produiront.

Dans un projet de colonisation des deux Plaines, que nous
avions présenté en 1847 à M. de La Salle, Directeur de l'intérieur, et que cet habile administrateur avait eu la bonté de
revoir, ce système d'établissements publics était la base de
la colonisation. Aujourd'hui, il n'en est plus que l'accessoire,
le complément. Les temps et les choses ont changé. Nous
proposions alors la culture et l'exploitation par le Gouvernement, avec l'aide des habitants. C'est la proposition inverse
qui est le résumé de l'arrêté du 4 novembre 1851.

Le 22 décembre 1847, M. le Gouverneur Graëb disait, dans
son discours au Conseil colonial, pour l'ouverture de la
session: « Des communications récentes me donnent l'espérance de voir prochainement attribuer à la Colonie une partie des fonds consacrés par la loi du 19 juillet 1845 (1) à
l'établissement *d'instituts agricoles et aux essais du travail
libre. Je ne perdrai pas de vue, à cette occasion, les ressources
que peuvent nous offrir l'exploitation des terrains de l'intérieur.* »

La Réunion fut encore oubliée dans cette circonstance, dans
la munificence métropolitaine. Les raisons alléguées furent

------

(1) Crédit de 600,000 francs pour subvenir à l'introduction de cultivateurs européens dans les colonies et à la formation d'établissements
agricoles.

celles que l'on trouve dans l'exposé des motifs du projet
de loi. (1)

Le projet de colonisation de 1847 était donc *la culture et
l'exploitation des deux Plaines par le Gouvernement.* Il se
résumait de la sorte: Le Gouvernement doit et peut faire cette
exploitation ; il emploiera pour agents des militaires , des
disciplinaires et des travailleurs sans ouvrage, qui abatteront
les bois et les déracineront, confectionneront et entretiendront
les chemins ; puis , il appellera à la colonisation des habitants
qu'il intéressera à son succès et qui seront créoles, petits
habitants, militaires congédiés , affranchis, Européens, etc.',
et qui deviendront métayers, fermiers ou régisseurs, puis
propriétaires des terres défrichées.

L'exploitation se fera méthodiquement au moyen d'établissements successifs qui finiront par occuper les deux localités (2), tous les travaux marcheront de front, quoique divisés , ils produiront ensemble et se soutiendront mutuellement.
Les habitants (non propriétaires) et le Gouvernement seront
de moitié dans les revenus.

Dans une dixaine d'années ce pays désert et perdu eût été
de la sorte peuplé, riche et prospère.

« Art. 60. Des arrêtés ultérieurs régleront les détails de
« ces créations. Les dépenses d'installation et d'entretien
« seront supportées par le Gouvernement et par la commune.
« Aussitôt ces établissements en rapport, ils seront déclarés
« établissements communaux , pourvus d'une administration
« générale, et les dépenses et recettes de chacun d'eux ne
« feront plus qu'un fonds commun. »

Nous avons développé longuement les raisons qui avaient
présidé à la création de ces établissements agricoles d'utilité

---

(1) Les voici textuellement :

« La position géographique met, en quelque sorte, l'île Bourbon à
portée de se pourvoir des bras qui lui manquent. Déjà , elle a pris
l'initiative en 1828, en se procurant, à titre d'engagés, un certain
nombre d'Indiens dont une partie s'y trouve encore. Plus récemment ,
des mesures ont été adoptées et des règlements faits pour l'introduction d'un millier de Chinois. Ces immigrations , régularisées par l'intervention de l'Administration locale, peuvent être étendues. Des
instructions ont été données dans ce sens ; et le département de la
marine ne négligera aucun soin pour assurer à cette colonie, par l'intermédiaire de nos agents et par l'assistance de nos bâtiments, le
recrutement des travailleurs asiatiques que réclament ses exploitations
agricoles. » (Chambre des députés, 22 avril 1845.)

(2) La ferme militaire de Sainte-Agathe autour de laquelle d'autres
fermes s'établiraient successivement.

publique; à l'avenir à les règlementer, par des arrêtés de détails,
pour leur faire accomplir la pensée de leur fondation.

« Art. 61. Au fur et à mesure de l'accroissement de la
« population et des progrès des cultures, le Gouvernement
« dotera ces localités, dans les formes voulues par les règle-
« ments en vigueur, des institutions civiles, administratives,
« militaires et religieuses dont sont pourvues les autres com-
« munes de l'île de la Réunion. »

Les institutions civiles, administratives, militaires et religieuses sont les énergiques et indispensables auxiliaires d'une
colonisation nouvelle envisagée sous un point de vue quelconque. L'Administration promet d'accorder successivement
celles qui seront déjà en vigueur dans les autres communes
de l'Ile et de le faire aussitôt que le besoin s'en fera sentir
dans les deux Plaines. C'est une promesse formelle, obligatoire ; c'est un encouragement puissant donné aux concessionnaires. C'est pour eux un gage protecteur de l'avenir, un
gage pour leurs travaux ou leurs capitaux dans les deux
plaines des Cafres et des Palmistes.

Tels sont les encouragements que l'arrêté du 4 novembre
1851 offre aux concessionnaires des deux Plaines. Que l'on
ne dise plus qu'ils sont insuffisants, car ils sont en rapport avec
la situation actuelle des choses dans la Colonie.

Salazie, Cilaos, le Brûlé de Saint-Denis, Saint-Philippe,
enfin les dernières terres colonisées à la Réunion n'ont jamais
eu de pareils encouragements. Une colonisation est, avant
tout, l'œuvre du temps. L'arrêté de colonisation n'avait à
fixer que les points principaux, et ne devait entrer dans les
détails que pour les choses indispensables ou d'exécution
immédiate. L'avenir amène des changements nés des choses
et des circonstances, et c'est sur ces changements que les
institutions et les règlements de détails doivent seuls se modeler.

Les encouragements qui existent déjà à la culture dans la
Colonie existent naturellement aussi dans les deux Plaines :
il était donc inutile d'en faire mention. Ainsi les encouragements dits à l'agriculture ; ainsi, par exemple, les dispositions des articles 1 et 6 de l'ordonnance locale du 22 novembre
1820, non abrogée, qui prescrivent que les approvisionnements faits par l'Administration seront, autant que possible,
pris dans la Colonie et de première main, etc.

Les institutions qui doivent être communales ou particulières, mais dont l'avenir seul peut démontrer l'utilité, ces
institutions qui se fondent dans la métropole et dont le Gouvernement approuve journellement les sages règlements, ne
pouvaient non plus y être formulées, ni même indiquées.

L'arrêté ne pouvait, par exemple, statuer qu'une *bourse communale du travail et du capital* serait ultérieurement instituée pour les deux Plaines. On sait que cette création fut proposée à la chambre des Représentants le 15 février 1851 sous le titre de Constitution d'une Bourse de travailleurs, mais que la 17e commission d'initiative parlementaire la rejeta comme n'étant demandée que pour la ville de Paris et étant dès lors de la compétence de son conseil municipal (1) ; ou bien encore une *société d'assurance agricole* particulière instituée pour venir au secours des habitants sociétaires dont les produits auraient manqué dans l'année ; ou bien encore un *comptoir* communal de *prêts agricoles* pour venir au secours de la petite production, pour compléter, sous ce rapport, les dispositions de l'*institution des banques coloniales.*

Ces créations, et plusieurs autres encore que nous pourrions citer, par exemple, la fondation d'un monastère de Trappistes, demandée par la commission de mai, tout cela est l'œuvre de l'avenir.

TITRE IV.

Dispositions transitoires.

« Art. 62. Les habitants actuellement établis dans les deux
« Plaines seront classés de droit dans l'une des cinq caté-
« gories de concessions et seront conservés, autant que possi-
« ble, sur les terrains qu'ils occupent et cultivent, pourvu
« que ces terrains ne fassent pas partie des réserves stipulées
« dans le présent arrêté.

« Toutefois, ils adresseront une demande de concession,
« selon les prescriptions du présent arrêté, faisant connaître
« leurs moyens d'exploitation, et ils seront soumis à toutes
« les obligations imposées aux autres concessionnaires, savoir:

Dans la plaine des Palmistes,

MM. Poirier (Laurent),
     Dévancis Delatte fils,
     Wolfang (Jacob),
     Veuve Benoit,
     Saint-Ange Verger,

---

(1) Cette bourse aurait pour mission de publier et de recueillir tous les faits positifs pouvant intéresser le travail ou le capital, le bulletin et la mercuriale du commerce, le taux moyen des différents salaires, le prix des denrées. Elle serait l'intermédiaire entre le capital et le travail, ou le maître et l'ouvrier pour leurs demandes et commandes respectives; enfin elle publierait les meubles et immeubles à vendre, à louer ou à céder, etc.

MM. Riedinger,
    Pierre,
    Cadet-Collet (François),
    Fleury (Elie-Pantaléon),
    Rochetaing frères,
    Méhaignery père,
    Lagrange,
    Balmont.

Dans la plaine des Cafres,

MM. Reilhac (Paul),
    Cabeu (Henri).

L'ensemble de ces dispositions avait été proposé par les commissions de janvier et de mai 1849, dans le courant de leurs projets: elles forment ici un titre spécial.

Voici ce que nous avons dit, à ce sujet, dans les observations du rapport de la commission de mai:

« Lors de l'opposition que la Direction des domaines forma en 1841, contre la concession de la plaine des Palmistes, elle proposa elle-même de régulariser la position des habitants des terres intérieures, et elle déclara qu'elle ne s'était jamais opposée à des envahissements partiels: quand même elle l'eût voulu elle n'en avait pas les moyens. La commission prenant acte de ces faits et considérant, de plus, que ces habitants remplissent déjà le but de la colonisation, propose de régulariser la position des habitants de la plaine des Palmistes et de la plaine des Cafres, de les maintenir aux lieux et places qu'ils occupent et qu'ils ont commencé à exploiter, pourvu, toutefois, que ces terrains ne fassent pas partie des réserves, ou qu'ils ne soient pas réclamés par des tiers. (1)

« Ces habitants ayant été le sujet d'un mémoire spécial de M. Textor de Ravisi, il donnera à leur égard tous les renseignements que l'Administration pourrait demander.

« Pour ne pas faire tomber l'Administration dans des contestations qu'elle a déjà pu apprécier, la commission ne parle ici que des quelques habitants résidant actuellement dans lesdites localités, et non pas de ceux qui, ayant essayé d'y commencer des établissements les ont actuellement abandonnés. Ce nombre serait considérable, ainsi qu'il résulte des renseignements que M. Textor de Ravisi a produits à cet égard, car plusieurs personnes se sont succédé dans les mêmes lieux. Tous ces anciens défrichés sont envahis par les bois et les

---

(1) Textor, n° 10. Renseignements sur les établissements faits par les habitants dans les deux Plaines.

herbes ; un nouvel établissement y serait souvent plus difficile que dans un endroit du bois où il n'y aurait jamais eu
d'essai d'établissement.

« Tous ces envahissements de biens domaniaux ont été
faits aux différentes époques où il était plus particulièrement
question de donner des concessions ou d'ouvrir le chemin de
la Plaine. L'objet de presque toutes ces prises de possession
n'était donc que de se procurer un titre pour choisir le terrain, et de s'exempter d'un tirage au sort ou d'une redevance
probables. Le renvoi indéfini de la colonisation devait nécessairement faire abandonner ces établissements factices. »

Les deux commissions de janvier et de mai 1849 proposaient également de concéder aux habitants actuellement établis dans les deux Plaines les terrains qu'ils occupaient et
de leur en délivrer immédiatement des titres définitifs de
concession. L'arrêté du 4 novembre régularise administrative-
ment leur position , mais en les soumettant à toutes les prescriptions et à toutes les obligations imposées aux autres concessionnaires.

« Art. '63. Jouiront des mêmes avantages et seront soumis
« aux mêmes obligations : l'officier , le sous-officier , les deux
« fusiliers et le brigadier de police, qui restent encore dans
« la Colonie des hommes qui composaient le premier détache-
« ment qui a fondé le poste de Sainte-Agathe; savoir :

MM. Textor de Ravisi, capitaine ;
     Isnard , sergent ;
     Cazenave , brigadier de police ;
     Châtel , fusilier ;
     Layes, idem.

Quelques personnes qui tiennent à savoir le fond et le
pourquoi des choses (probablement dans le seul esprit de
rendre une plus grande justice aux actes de l'Administration),
ont demandé pourquoi l'arrêté du 4 novembre avait cru devoir
avantager les habitants établis dans les deux Plaines et les
militaires qui composaient le premier détachement qui a fondé
le poste de Sainte-Agathe. En voici les raisons, outre celles
qui précèdent.

M. le Gouverneur Graeb , ayant résolu de commencer à
aborder *pratiquement* cette grande question de la colonisation
des terres intérieures, que lui avaient léguée ses prédécesseurs,
fit des promesses aux habitants qui s'étaient établis dans ces
localités , afin de les engager à de plus sérieux essais dans
l'élève des animaux et dans les cultures des régions tempérées, qui pussent renseigner plus exactement l'Administration
sur les ressources réelles que devaient offrir la plaine des

Palmistes et la plaine des Cafres. M. Reilhac, dans celle-ci, qui lui avait présenté une note à ce sujet; MM. Fleury, Wolfgang, Cadet-Collet, etc. dans la plaine des Palmistes, qui continuèrent à cultiver sur de nouveaux frais, répondirent à cet appel. L'établissement de Sainte-Agathe fut résolu, qui devait, selon les vues qu'il projetait, devenir la première ferme de ce système de fermes successives qui devaient couvrir les deux Plaines; et enfin la mission nous fut confiée d'étudier les localités intérieures sous le rapport de nouvelles ressources agricoles, et sous le rapport des opérations stratégiques qui deviendraient nécessaires dans un moment de danger.

L'article 62 a rempli les promesses faites aux habitants par M. le Gouverneur Graeb; l'article 63 remplit également celles qu'il fit aux militaires qui composèrent le détachement qui nous accompagna dans la Plaine, en novembre 1847, de leur accorder des terres, et pour les soldats, les moyens de s'établir lors de leur congé de libération. M. Graeb fut rappelé avant d'avoir eu le temps d'exécuter ses projets. L'assentiment ministériel ayant été donné à l'essai de culture, à la fondation du poste dans l'intérieur de l'Ile et à la mission qui nous avait été confiée, M. Sarda-Garriga, commissaire-général de la République, continua, dès lors, les vues de son prédécesseur. Deux militaires, Lagrange et Balmont, furent établis à la plaine des Palmistes en 1849, un troisième le fut sous le gouvernement de M. Doret. Les autres étant au service, l'arrêté de colonisation consacre les droits que leur avait donnés la promesse d'un ancien Gouverneur.

Voici ce que la commission de mai 1849 proposait dans son rapport, à ce sujet, par mon organe:

« Une commission du Conseil colonial (décembre 1841) stipulait des encouragements et des avances à donner aux laboureurs européens et aux militaires congédiés du service, qui désireraient se fixer dans les terres intérieures pour s'y livrer personnellement à la culture. La commission forme le vœu que le Gouvernement local n'accorde ces faveurs qu'à des militaires congédiés et munis de certificats de bonne conduite. Cette mesure pourrait avoir d'heureux résultats et serait prise à titre de récompense à leur accorder. Ces hommes rendus à leurs anciens travaux apporteraient dans ces localités les mœurs, les coutumes et les méthodes de culture de la mère-patrie, et les habitudes d'ordre, de travail et de privations de la vie militaire. Les avances demandées leur sont indispensables pour fonder un établissement; car ils manquent tous des premiers moyens pour commencer leur travail.

« Les militaires formant actuellement le personnel du poste

de Sainte-Agathe, et dont les travaux ont commencé, pour ainsi dire, l'exploitation sérieuse de la plaine des Palmistes, seraient mis en première ligne pour obtenir ces établissements. » (1)

« Art. 64. Le Directeur de l'intérieur est chargé de l'exé-
« cution du présent arrêté, qui sera enregistré et publié par-
« tout où besoin sera, et inséré au *Bulletin officiel* de la
« Colonie. »

« Fait à Saint-Denis, le 4 novembre 1851.

Signé DORET.

Par le Gouverneur :

Le Directeur de l'Intérieur,

Signé ED. MANÈS.

Nous ne pensions pas avoir à commenter ce dernier article, autrement que pour dire que la promulgation de cet arrêté du 4 novembre 1851 avait eu lieu le 15 novembre dans le *Bulletin officiel* et dans la partie officielle du *Moniteur* de la Réunion, qu'il avait été lu et enregistré à la Cour d'appel le 21 novembre ; qu'ainsi, c'était au 15 mars 1852, selon la croyance ou l'usage commun, ou au 21 mars, selon le texte de la loi, qu'avait dû échoir le délai accordé pour l'envoi des demandes de concessions (art. 13, § 1), et au 15 ou au 21 avril que devait avoir lieu le tirage des lots de concessions (art. 14).

Mais il a été écrit que plusieurs personnes avaient ignoré la promulgation de l'arrêté du 4 novembre, auquel il eût été facile de donner une plus grande publicité ; par exemple, d'inviter les commandants des milices à le lire devant leurs bataillons à l'époque des rassemblements généraux.

Ce reproche n'est pas plus fondé que tous ceux qui nous sont revenus. L'Administration a encore fait, à cet égard, autant, et nous dirions plus qu'il ne devait être fait, si son action paternelle et sa prévoyante sollicitude pouvaient jamais avoir une limite assignée.

L'arrêté du 4 novembre a été publié (2) selon toutes les pres-

---

(1) Ces encouragements devaient être :

1° Une concession gratuite de terre ;

2° Cent francs d'outils aratoires fournis en nature ;

3° La somme de 25 francs par mois pendant les huit premiers mois de leur séjour dans la Plaine. »

(2) Promulgation : art. 3 de l'arrêté supplémentaire au Code civil, 1er brumaire an XIV ; — publication : arrêtés des 5 décembre 1827 et 24 mai 1834 ; — promulgation et enregistrement : arrêté du 1er avril 1837, — ordonnance du 21 août 1825 — 22 août 1833, art. 63 et 132.

criptions et toutes les formalités voulues pour la promulgation, la publication et l'enregistrement des actes de l'autorité publique à la Réunion. De plus, un premier avis a été mis dans la partie officielle du *Moniteur* au sujet des formalités imposées par l'article 13 pour les demandes de concessions; puis un second avis a été donné que des formules de demandes étaient déposées dans les mairies; puis un troisième, etc. Tous les journaux de la Colonie ont reproduit ces différents avis.

De plus, le *Moniteur*, dont la constante habitude est d'ouvrir généreusement ses colonnes à toutes les questions d'utilité publique, après avoir analysé cet arrêté avec cette hauteur de vues qui distingue si éminemment sa rédaction, a reproduit dans plusieurs de ses numéros une portion de ces commentaires, et diverses lettres qui lui ont été communiquées au sujet de la colonisation; enfin, quelques jours avant l'expiration du délai fixé pour la présentation des demandes de concessions, il a prévenu du délai fatal dans sa partie éditoriale.

Les petits habitants, les affranchis ne lisent pas les journaux, dira-t-on? Sans doute. Mais, quand les journaux reviennent plusieurs fois sur une même question d'intérêt public, on admettra bien aussi que plus ou moins de personnes s'en entretiennent, et que le sujet doit arriver à la fin aux personnes intéressées à le connaître. C'est dans ce but, du reste, que l'article 13 accorde un délai de quatre mois pour l'envoi des demandes. Les commissions de janvier et de mai 1849 ne prescrivaient aucun délai à cet égard, et les anciennes commissions ne s'en étaient pas non plus préoccupées.

Mais ce n'est pas tout, l'arrêté a été envoyé dans toutes les mairies, puis il a été mis en livret et adressé de nouveau avec des instructions de M. le Directeur de l'intérieur qui accompagnaient ces envois, etc. Si un reproche était à adresser il le serait assurément à l'autorité municipale, qui n'aurait pas rempli ses devoirs paternels envers ceux de ses administrés que la colonisation pouvait intéresser, ni ses devoirs administratifs en présence du texte si positif *sera publié partout où besoin sera*.

Mais il n'en est rien. Ici encore l'autorité municipale à la Réunion, malgré quelques réclames malveillantes, a fait son devoir avec calme, sans passion et sans engouement. Et, en définitive, il y a deux fois plus de demandes *en règle* qu'il n'y aura de lots de concessions à distribuer.

Les commandants des milices n'ont eu ni ordre, ni invitation de lire l'arrêté du 4 novembre devant le front de leurs bataillons. C'est vrai. La chose était-elle faisable? Mais qui les a empêchés de profiter d'un rassemblement général pour

lire ou pour faire lire ledit arrêté aux miliciens , les rangs
une fois rompus ?

Saint-Denis, le 1er mai 1852.

TITRE III.

Commentaires et renseignements sur la question des droits
des tiers.

Avis de l'Auteur.

Les nombreux et importants travaux que M. Lahuppe a eus
à exécuter cette année ne lui ayant pas permis de finir plus tôt
l'impression de cette brochure, et notre prochain départ de la
Colonie ne nous permettant plus d'en suivre l'exécution , nous
renonçons à publier cette troisième partie des *commentaires,* ou
Commentaires et renseignements sur la question des droits des
tiers. Elle serait presque aussi étendue que la deuxième partie.

Du reste, la grande question , aussi difficile que délicate à
traiter qu'elle développait, est aujourd'hui définitivement résolue pour les terres de la plaine des Cafres comme pour celles
de la plaine des Palmistes, et , sous ce point de vue principalement, cette partie des commentaires se trouve dorénavant sans
actualité, et devient, dès lors, bien moins importante.

La situation de la question est actuellement celle-ci :

Dans la plaine des Cafres une *transaction amiable* a eu lieu
entre le domaine et les habitants. Elle est venue mettre fin à
toutes les contestations en deça et au delà du bras de Ponteau.
L'Administration a reconnu les droits des habitants jusqu'à la
ligne dite des 1800 gaulettes; mais quant au sixième des terres de la Plaine sur la rive droite de la ravine Sèche, les anciens
opposants n'ayant produit aucune opposition ni aucune récla-
mation depuis la promulgation de l'arrêté du 4 novembre 1851,
plusieurs mêmes d'entr'eux ayant adressé des demandes de
concessions, cette contestation se trouve *naturellement ré-*
solue.

La situation des choses est actuellement celle-ci :

Les *limites communales* des deux plaines du côté de Saint-
Benoit et du côté de Saint-Pierre sont les *limites naturelles*
spécifiées par l'article 2. Dans chaque plaine il y a des terrains
domaniaux et des terrains particuliers, ou des *terres concessi-*
bles et des terres *propriétés particulières.* Dans la plaine des
Cafres les propriétés particulières sont situées au-dessous de
la ligne dite *des pitons Bleu, Sales, Abord,* et dans la plaine des
Palmistes au-dessous de la ligne dite des *Dix-huit cents gau-*
lettes. Les terres concessibles seront naturellement *soumises à*
toutes les prescriptions de l'arrêté du 4 novembre , et les terres

propriétés particulières *resteront dans le droit commun*, mais elles jouiront de plusieurs des avantages accordés par l'arrêté aux terres de la commune des deux plaines. (1)

Voici l'analyse succincte des matières qui devaient composer cette troisième partie :

1° *Les lettres et actes relatifs aux droits des tiers* formaient un dossier complet, exposant la position des terrains contestés, actes de concessions, ventes, transactions, oppositions, etc. Une grande partie de ces documents étaient extraits des archives du Contrôle colonial, et le reste des études des notaires. Les lettres étaient des notes, renseignements, etc. adressés à différentes époques par les parties intéressées. 2° *Les commentaires sur la question des droits des tiers* présentaient une analyse raisonnée et une discussion contradictoire et détaillée des différentes pièces du chapitre précédent. Nous cherchions à y renverser les arguments invoqués par les avocats des droits des opposants, et à établir nos conclusions du chapitre 3 pour la *plaine des Cafres* et du chapitre 4 pour la *plaine des Palmistes;* c'est-à-dire la fixation qui devait-être faite, selon nous, aux limites des droits des tiers, en vertu de l'expression sommet de la montagne ou sommet des montagnes. (2) 5° Les

---

(1) Elles jouiront, par exemple, du dégrèvement des contributions directes et indirectes pendant quatre ans, des primes d'encouragements, etc. (Articles 55, 57, etc.) Mais elles ne participeront pas aux avantages conséquences ou compensations des charges imposées aux terres concessibles; par exemple, la jouissance des pâturages communs, le droit d'emplacement dans le bourg, etc. (Articles 33, 37, 47, 48, etc.)

(2) Je croirais manquer aux devoirs de vérité et d'indépendance que je me suis imposés dans la question de la colonisation des terres intérieures, si, dans ces Commentaires, comme dans les Etudes, et précisément parce que l'Administration, sage médiatrice entre les propositions extrêmes qu'elle a entendues, a adopté une solution plus favorable aux intérêts des habitants, je ne mentionnais pas néanmoins l'*opinion personnelle* que j'ai soutenue sur les limites entre le Domaine et les particuliers.

Dans la plaine des Palmistes, les réclamations anciennes à la possession d'un 6ᵉ du terrain sur la rive droite de la ravine Sèche ne sont pas fondées, et les droits des habitations des terres inférieures s'arrêtent au sommet de la montée Le Tort. (L'Administration a admis les droits, sur la présentation de titres divers, jusqu'à une ligne qu'elle a fait baliser et mesurer, dite des 1,800 gaulettes.)

Dans la plaine des Cafres, les droits des habitations des terres inférieures s'arrêtent aux limites communales posées par l'article 2 de l'arrêté du 4 novembre 1851. (L'Administration les a admis, par suite d'une transaction amiable, jusqu'à la ligne unissant le dernier piton Sales au piton dit de la rivière d'Abord sur le plan de M. Lambert, ingénieur colonial par intérim.) Les droits des anciens concessionnaires du bras de Ponteau s'arrêtent au cours du bras Sec et aux pitons

extraits divers de rapports et de pièces présentaient un dossier complet de la question de la colonisation des terres intérieures, et ils venaient particulièrement apporter des preuves à l'appui des faits ou des opinions que nous avons énoncés dans le cours de ces commentaires. Nous regrettons vivement la publication ajournée de plusieurs de ces pièces. Nous y donnions, entr'autres choses, les opinions de plusieurs personnes sur différents points intéressants de la question, des extraits des arrêtés concernant les terres de Salazie et de Cilaos, et enfin des analyses et citations des nombreux projets proposés pour la colonisation des terres intérieures, mais en reprenant seulement la question depuis le retour de l'île Bourbon à la France (1).

La question n'est pas neuve. Nous l'avons déjà dit, elle date du milieu du siècle dernier. Aussi est-ce à tort, à très grand tort, que plusieurs individus, meilleurs amis que bons érudits coloniaux, voudraient aujourd'hui faire honneur, les uns à M. Patu de Rosemont et les autres à nous même de la colonisation des terres intérieures, omettant toutes les autres personnes qui s'en sont occupées. Une création, en générale, n'appartient qu'au Chef du gouvernement qui en a eu l'initiative, qui en a encouru la responsabilité, qui en a signé le décret d'exécution. Et, nous ne comprenons pas davantage les réclames des rapporteurs de projets, que celles que pourraient faire le burin qui a sculpté un chef-d'œuvre de pierre ou de métal, le soldat qui par la bravoure a con-

---

Sales. (L'Administration les a admis, également, par suite d'une transaction amiable, jusqu'à la ligne unissant le piton Bleu au piton ouest de la chaîne des pitons Sales).

(1) Le projet de M. Thomas, fait en 1819 et inséré dans l'Essai de statistique de l'île Bourbon de 1828; celui de la commission de 1834, M. Patu de Rosemont président et rapporteur; celui de l'Administration en mai 1840, M. de Hell gouverneur et M. F. Frémy directeur de l'intérieur, et le contre-projet du Conseil colonial en novembre 1840, M. Letainturier président de la commission et M. Charles Féry rapporteur; celui de l'Administration en 1841, M. Bazoche gouverneur et M. de Roujoux directeur de l'intérieur, et le contre-projet du Conseil colonial en décembre 1841, M André-Féry président de la commission et M. Patu de Rosemont rapporteur; celui de l'Administration en novembre 1847, M. Graeb gouverneur, M. de La Salle directeur de l'intérieur, et M. Textor de Ravisi rapporteur; celui de la commission de janvier 1849, M. Diomat président et M. Schneider rapporteur; celui de la commission du 10 mai 1849, M. Hubert Delisle président et MM. Patu de Rosemont et Textor de Ravisi rapporteurs, et le contre-projet de l'Administration en 1851, M. Doret gouverneur, M. Ed. Manès directeur de l'intérieur, MM. Choin et Textor de Ravisi rapporteurs; enfin *l'arrêté du 4 novembre* 1851, M. Doret gouverneur et M. E. Manès directeur de l'intérieur.

couru au succès le combat, ou le secrétaire qui , après avoir
eu son brouillon de lettre corrigé et raturé, l'aurait vu signé
par son chef.

Il suffit de lire les procès-verbaux du Conseil colonial pour
s'assurer que M. Patu de Rosemont a dû voter, ou plutôt a parlé
contre le décret colonial du 5 août 1839 concernant les échanges , aliénations et concessions des biens domaniaux ; — qu'il
n'a jamais voulu reconnaître la force de l'ordonnance du
Conseil supérieur du 18 août 1728, qui fixe le point où doit
finir le *sommet des montagnes dans les concessions faites par la
Compagnie ;* — qu'il a dû voter, ou plutôt qu'il a parlé contre
les décrets de colonisation de Salazie et de Cilaos, —probablement parce qu'ils n'entraient pas dans les idées de perfectibilité
colonisatrice qu'il s'est formées ; — pour savoir , enfin , qu'en
1841 , en soutenant la discussion du projet de colonisation
de la plaine des Palmistes , il a provoqué un conflit entre
l'Administration et le Conseil, sur un sujet qui , peu important par lui-même , a eu pour résultat de faire retirer le projet. Il ne fut pas plus heureux dix ans après , en 1851. (1)
Ce qui appartient en propre à M. Patu de Rosemont, c'est, depuis 1827 et particulièrement depuis 1834, de s'être sans cesse
occupé de cette question, et dans ses discours et dans ses rapports; d'avoir contribué plus particulièrement à amener le
chemin de la Plaine au point où il est actuellement ; d'a-
voir obtenu son ancien classement comme route coloniale.
Ce qui nous appartient en propre , c'est d'être resté pendant
dix-huit mois à explorer les terres intérieures, d'avoir étudié
la question sur les lieux , d'avoir rassemblé et classé les
documents épars ; c'est enfin d'avoir fourni à l'Administration , au fur et à mesure que le besoin s'en faisait sentir ,
les renseignements que les circonstances rendaient nécessaires.

Mais , et c'est là surtout le point capital , ce qui appartient
bien en propre à M. le Gouverneur Doret et à M. Manès,
Directeur de l'intérieur, c'est de s'être résolus à mettre à profit
les études antérieures; c'est d'être entrés d'une manière aussi
franche qu'habile dans la ·voie de l'exécution , malgré les
embarras nombreux et les difficultés réelles que présentait la

---

(1) Nous le dirons, puisque les choses nous en font [une obligation,
le projet de la commission du 10 mai 1849 n'a pas abouti, à cette époque,
malgré les dispositions favorables de l'Administration, parce que M.
Patu de Rosemont ayant persisté à garder plus d'un mois le projet de la
commission, pour le faire recopier, malgré nos réclamations à cet egard,
le moment propice pour sa présentation s'est trouvé passé. La question
des élections est venue bientôt après diviser, puis brouiller M. Sarda-
Gariga et M. A. Brunet. Le reste est connu. Mais le projet de colonisation fut de nouveau écarté.

situation des choses; c'est enfin d'avoir tranché définitivement, en respectant tous les droits et satisfaisant à toutes les exigences , cette grande question de la colonisation des terres intérieures de la Réunion , pendantes depuis un siècle. Aussi ne nous expliquons-nous pas les réclames qu'on a fait entendre à cet égard.

15 juin 1852.

TEXTOR DE RAVISI.

ERRATA PRINCIPAUX.

Page.

40 — Au lieu de § Ier — lisez : Titre Ier (de l'arrêté).
40 — Id. id. I — id. Chapitre Ier.
83 — Id. Chapitre III — id. Chapitre VIII.
115 — Id. Chapitre XV — id. Chapitre XIII.
116 — Id. Chapitre IV — id. Chapitre XIV.
107, article 45, au lieu de: au milieu des quatre grands carrés, lisez : au milieu des *grands carrés*.

67 — Lisez les commentaires de l'article 14.

« Article 14. Les demandes de concessions seront soumises,
« dans le mois de l'expiration du délai ci-dessus, à une
« commission composée:
« 1° Du directeur ou du receveur des Domaines;
« 2° Du maire de Saint-Benoit pour les demandes concer-
« nant la plaine des Palmistes, du maire de Saint-Pierre
« pour les demandes concernant la plaine des Cafres ;
« 3° De l'ingénieur colonial de l'une ou de l'autre de ces
« communes, suivant la situation des biens demandés;
« 4° De deux membres nommés par le Gouverneur ;
« 5° Du syndic de la colonisation.
« Le maire sera le président de la commission, et l'ingé-
« nieur colonial son rapporteur et secrétaire.

Tous les projets anciens et nouveaux ont été unanimes sur la nécessité d'une commission consultative d'examen qui statuerait sur les demandes de concessions et sur celles des titres définitifs avant leur présentation à l'Administration. L'arrêté du 4 novembre statue que la commission s'occupera seulement de l'examen des demandes , et il prescrit les dispositions plus protectrices des intérêts de tous par l'article 21 relatif aux titres définitifs. La commissions de janvier 1849 ne proposait qu'une commission d'examen des demandes pour les titres définitifs de concession , et celle de mai 1849 voulait qu'elle s'occupât des demandes de concessions et des titres définitifs.

Le principe de l'utilité d'une commission consultative , une fois admis , la composition de cette commission doit paraître une question d'un ordre secondaire. Pourtant, mal présentée, ou tout au moins grossie par des susceptibilités personnelles , elle a empêché la colonisation de la plaine des Palmistes en 1842. (1)

M. de Roujoux proposait que la commission fût composée de l'inspecteur des Domaines, du maire de la commune de Saint-Benoit et de l'ingénieur colonial. M. Patu de Rosemont proposa d'y adjoindre deux membres du conseil municipal de Saint-Benoit , nommés au scrutin par ce conseil, et de plus que la constatation des dispositions relatives à l'exécution des conditions , pour obtenir les titres définitifs , fût faite par le directeur des Domaines. La discussion s'engagea sur ces deux propositions ; elle devint assez vive. M. Patu de Rosemont ayant déclaré qu'il tenait beaucoup à cette adjonction de deux conseillers municipaux de Saint-Benoit, et M. Bellier de Villentroy ayant dû proposer un amendement pour la seconde proposition, ce qui fut adopté par le Conseil (2), M. le Directeur de l'intérieur déclara ne plus pouvoir continuer la discussion et devoir se retirer par devant M. le Gouverneur.

C'est ainsi que le projet de colonisation fût rejeté en 1842.

---

(1) 4 février 1842. — Conseil colonial. — M. de Roujoux , directeur de l'intérieur, défenseur du projet de l'Administration, et M. Patu de Rosemont , rapport du contre-projet de la commission du Conseil colonial.

(2) Conseil colonial, 4 février 1842. — M. Bellier de Villentroy : « Il ne pourra être statué sur l'octroi de la concession définitive, ainsi que sur la déchéance du droit des concessionnaires, que par le Conseil privé, formé en Conseil du contentieux administratif. »

FIN.

TABLE GÉNÉRALE DES MATIÈRES.

V.

Extraits du Moniteur de la Réunion sur le compte-rendu de l'arrêté du 4 novembre 1851.

TITRE II.

Commentaires sur l'arrêté du 4 novembre 1851.

I.

TITRE Ier (de l'arrêté).

Dispositions communes aux deux plaines des Cafres et des Palmistes.

CHAPITRE Ier.

Dispositions générales et limites des deux Plaines.

CHAPITRE II.

Dispositions administratives.

Chapitre III.

Réserves générales du Domaine.

Chapitre IV.

Mode général de concession.

Chapitre V.

Obligations générales imposées aux concessionnaires.

---

(1) Voir aux errata, page 132.

Page

CHAPITRE VI.
Pénalité.

TITRE II.
De la plaine des Cafres.
CHAPITRE VII.
Réserves particulières.

CHAPITRE VIII.
Mode particulier de concession.

CHAPITRE IX.
Obligations particulières imposées aux concessionnaires.

TITRE III.
De la plaine des Palmistes.
CHAPITRE X.
Réserves particulières.

TITRE V.

Dispositions transitoires.

TITRE III.

Commentaires et renseignements sur la question des droits des tiers.

Fin de la Table des Matières.

Typographie de Lahuppe.

9 782014 445527